司書教諭テキストシリーズ　カリキュラム構成

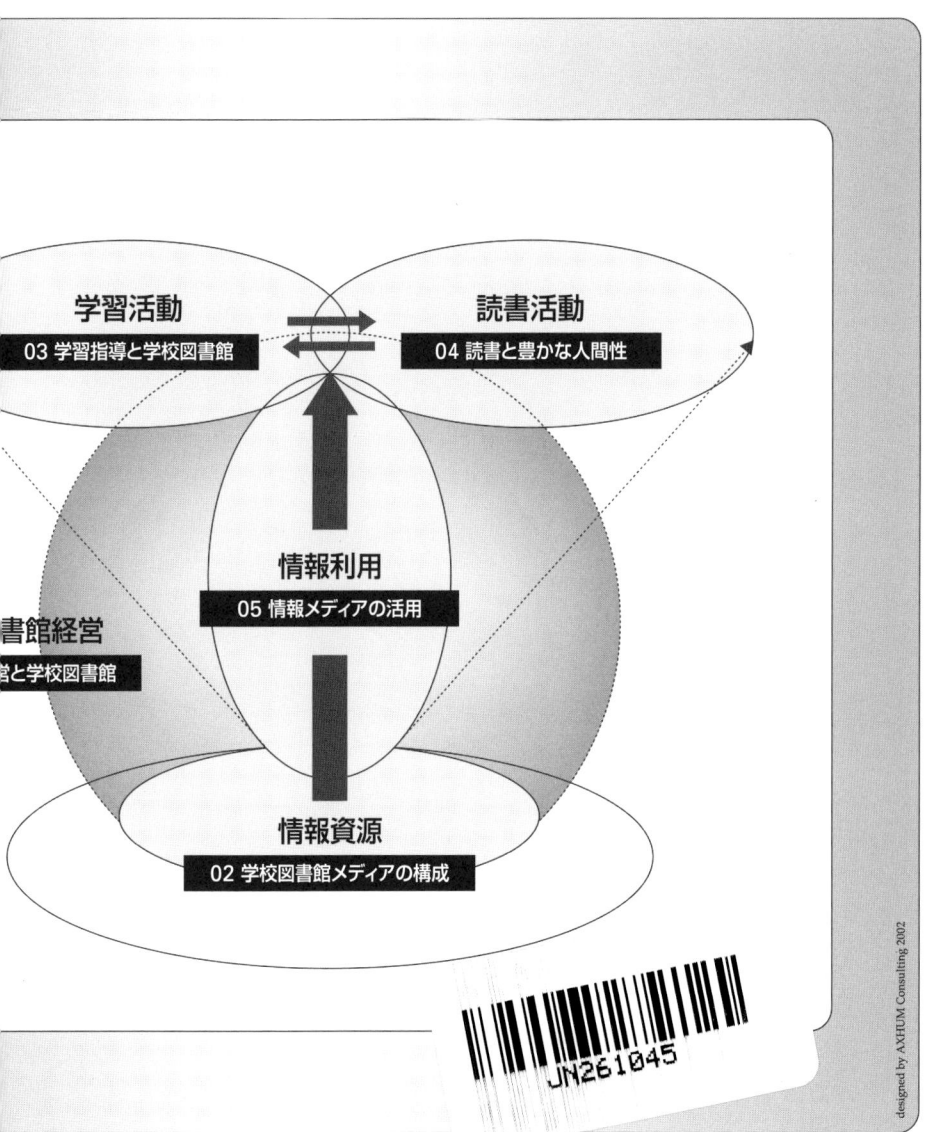

古賀 節子 監修
司書教諭テキストシリーズ01

学校経営と学校図書館

［編集］古賀 節子
北本 正章
天道佐津子
東海林典子
中島 正明
林　　孝
平久江祐司
八木澤壮一
渡辺 信一

共著

樹村房
JUSONBO

監修者の言葉

　工業社会から情報社会へ移行する大変動期にあって，学校教育の改革は国民的社会的要請となっている。学校教育において次世代へ伝えるべき知識・技能は何なのか，その内容についてさまざまな議論が続けられた。その結果，21世紀は，「一人一人の能力・適性に応じた教育の在り方」を基本に「生きる力」の育成を目指す教育の指針が示され，新しい教育課程が実施されることになった。文字通り一人ひとりの個性・能力・興味・関心に応じた教育の実践を目指し，そのような学習を可能にさせる学習環境の整備が過去約10年実施されてきている。その関連施策の一つとして，学校図書館法の一部改正が平成9年6月に行われ，平成15年以降，12学級以上の学校に司書教諭の配置が義務づけられた。そして，新しい教育環境で機能する司書教諭の養成を目指して，平成10年3月，学校図書館司書教諭講習規程の内容が大幅に改正された。

　この「司書教諭テキストシリーズ」は，以上のような経緯と理解のうえに，21世紀の学校教育の中で機能する図書館運営にあたる司書教諭育成のためのテキストを目指して編纂されたものである。編纂の目標は，単なる理論に偏らず，初等・中等教育における子どもたちの学習とそれを支援する教師を支える司書教諭が，実践に当たって基本となる理論と技術論との統合を目指し，これを平易に述べ，教育現場への適用が容易になされるべく努めるとともに，四年制大学教育における司書教諭養成に対応できるように内容を調整した。また，学校図書館運営にあたって，学校内外の諸機関との連携を意識し，生涯学習社会を生きる基礎的基本的知識・技能修得の出発点となる学校教育の中で，図書館のもつ意義を理解した人材の育成に資することを目標に編集した。

　本シリーズでは，現在，教育学部などで司書教諭養成に実際に係わっている方々と，教育と実務について双方の知識と経験のある複数の方々に執筆していただき，最新の情報・知識・理論を盛り込み，21世紀の教育活動に対応できる司書教諭養成に役立つことを確信している。また，本シリーズは，司書教諭資

格取得のため勉学中の学生諸君のみならず，既に司書教諭の職にある先生方にも職務内容の明確化とその実践に役立つことを期待している。

　なお，司書教諭養成カリキュラムは，近い将来，改正されることが期待される。本テキストも機会あるごとに稿を改め，より充実したテキストの完成を目指したい。読者各位のご意見やご支援を心からお願い申し上げる次第である。

　2002年5月

監修者　古賀　節子

序　文

　本書は，「司書教諭テキストシリーズ」の第1巻であり，司書教諭養成課程科目「学校経営と学校図書館」のテキストとして刊行するものである。

　「学校経営と学校図書館」は今回の学校図書館法施行規則の改正によって，新たに司書教諭講習科目に加えられたもので，その意義は大きい。学校図書館の機能や役割は，学校で行われる教育活動全領域に関わるものであるにもかかわらず，これまでそのような認識は薄かった。その理由は，図書館運営に当たって学校経営の中に積極的にその機能を生かす理論と実践が稀薄であったことに起因するかもしれない。また，これを利用する教師の側にも図書館機能や役割の理解が不十分で，教科の知識とその理解にのみ力を注ぎ，学ぶことの基本的な知識・技能の修得を軽視する傾向があったことも指摘されよう。

　しかし，今回の学習指導要領の改訂で，教科を横断した「総合的な学習の時間」が設けられ，一つの主題や教科書に限定されない学習や学び方の技術の修得が謳われ，これまでより学習における情報やメディアの役割が明確になり，情報・メディアや図書館の果たす役割が再認識されたと言えよう。そして，それには図書館経営はどうあるべきか，学校全体の教育活動の視点からどのようになされるべきかなど，学校経営全体における図書館の機能や役割について学習する科目が新たに設けられたのである。

　本科目は，情報やメディアを単に収集・整理・保存・提供する図書館サービスのあり方を図書館内部の問題として扱うだけではなく，その背景にある目的と理論を理解し，さらに学校教育の目標達成を支援する図書館のあるべき姿について論じ，学習とその指導にあたる教師と司書教諭との協調（コラボレーション）の重要性とその実践についての理解を目指すものである。そして，さらに，この他の司書教諭養成4科目との関連性について，有機的総合的に理解できるように配慮した。

　本書は，以上のような趣旨から，執筆陣にも，教育学研究者と学校現場で，

実際に図書館経営に携わった方々を迎えて，理論と実践の融合を図り，学校教育が生涯学習の基礎となることを踏まえ，そこでの学校図書館の経営について基本的な問題について論じたものである。必ずや司書教諭養成に役立つ斬新な内容のテキストが刊行できたと思っている。

　終わりに，このような趣旨のテキスト出版の機会を与えて下さった樹村房社長木村繁氏と，懇切丁寧に仕事を見守って下さった大塚栄一氏に心から感謝申し上げる次第である。

2002年5月

執筆者代表　古賀　節子

[執筆分担]（五十音順）

北本　正章：第1章

古賀　節子：第2章，第5章-3，第10章，第11章，第14章

天道佐津子：第8章，第9章

東海林典子：第12章

中島　正明：第4章，第6章

林　　孝：第5章-1・2

平久江祐司：第13章

八木澤壯一：第7章

渡辺　信一：第3章

も　く　じ

監修者の言葉
序　文

第1章　教育と学校図書館……………………………………………1
1. 学校教育の意義と理念－コミュニケーション機能を中心に ………1
2. 学校教育と学校図書館 ……………………………………………6
3. 問われている今日の教育課題……………………………………10
   (1) 新しい学力観　－「生きる力」……………………………12
   (2) 能力指標と学校図書館－自立支援と共存支援……………13
4. 生涯学習体系における学校教育…………………………………15

第2章　学校図書館の発達と役割 …………………………………17
1. 学校図書館の誕生…………………………………………………17
2. 学校図書館の基本的機能…………………………………………19
3. 学校図書館の制度化………………………………………………23
4. 学校図書館法の制定………………………………………………24
5. 旧来の学校図書館からの脱皮……………………………………26
6. 新しい学校図書館の役割…………………………………………28
   (1) 学習情報センターの機能……………………………………30
   (2) 読書センターの機能…………………………………………31
   (3) 教材センターの機能…………………………………………32

第3章　制度としての学校図書館 …………………………………35
1. 学校図書館法について……………………………………………35
2. 学校図書館法改正について………………………………………37
3. 司書教諭の資格，養成，そして研修……………………………40

4. 司書教諭の任務と役割……………………………………43
    (1) 教師として……………………………………………44
    (2) 情報メディアの専門家として………………………45
    (3) 教育課程の立案・展開のコンサルタントとして……47
5. 学校図書館事務職員（学校司書）………………………51

第4章　教育課程と学校図書館……………………………………53
1. 学習指導要領と教育課程…………………………………53
2. 教育課程と学校図書館……………………………………58
3. 学習指導と学校図書館……………………………………62

第5章　学校経営と学校図書館……………………………………66
1. 学校経営と学校図書館……………………………………66
    (1) 学校図書館の重要性と学校経営……………………66
    (2) 学校経営の効果的かつ合理的でしかも人間的なあり方……67
    (3) 学校の経営組織における学校図書館組織の位置づけ………68
    (4) 開かれた学校づくりと学校図書館……………………69
2. 学校経営と学校図書館活動………………………………71
    (1) 学校経営における司書教諭の役割と職責……………71
    (2) 学校経営に対する司書教諭からの情報発信…………72
    (3) 開かれた学校づくりと司書教諭………………………74
3. 学校図書館とネットワーク構想…………………………75
    (1) ネットワーク構築の要件………………………………75
    (2) 外国の例…………………………………………………76
    (3) 袖ケ浦市の学校図書館ネットワーク…………………77

第6章　学校図書館メディア………………………………………79
1. 学習とメディア……………………………………………79
2. 教育目標達成と学校図書館メディア……………………81

3.　学校図書館メディアの統合的利用……………………………83
　　4.　学校図書館メディアコレクション……………………………85
　　5.　学校図書館メディアと著作権…………………………………87

第7章　学校図書館の施設・設備 …………………………………90
　　1.　学校建築と教育活動……………………………………………90
　　2.　司書教諭・係り教諭・事務職員の役割………………………91
　　3.　必要なスペース…………………………………………………96
　　4.　館内のレイアウト………………………………………………99

第8章　学校図書館経営のための諸組織……………………………103
　　1.　学校図書館経営組織 …………………………………………103
　　　　(1)　教育計画と学校図書館経営組織 ………………………103
　　　　(2)　学校図書館経営組織の役割 ……………………………104
　　　　(3)　学校図書館経営組織の編成 ……………………………105
　　2.　図書館部 ………………………………………………………107
　　　　(1)　図書館部の役割 …………………………………………107
　　　　(2)　図書館部の活動と分担 …………………………………108
　　　　(3)　図書館部の構成員 ………………………………………110
　　3.　図書館運営委員会 ……………………………………………112
　　4.　メディア選定委員会 …………………………………………113
　　5.　児童生徒図書委員 ……………………………………………116
　　　　(1)　児童生徒図書委員会活動の意義 ………………………116
　　　　(2)　児童生徒図書委員の選出 ………………………………117
　　　　(3)　児童生徒図書委員会活動とその指導 …………………118

第9章　学校図書館の会計……………………………………………119
　　1.　会計処理のあり方……………………………………………119
　　2.　予算編成のプロセス…………………………………………120

　　　　　(1) 予算決定のしくみ ……………………………………………120
　　　　　(2) 費目別内訳 ……………………………………………………121
　　　3. 予算編成にあたって ………………………………………………122

第10章　学校図書館経営……………………………………………………124
　　1. 学校図書館経営と管理 …………………………………………………124
　　2. 学校図書館経営計画策定プロセス ……………………………………125
　　3. 経営計画策定の母体 ……………………………………………………129

第11章　学校図書館活動……………………………………………………131
　　1. 学校図書館の基本的な活動 ……………………………………………131
　　2. 情報・メディア提供活動 ………………………………………………133
　　　　　(1) 情報・メディア利用活動 …………………………………133
　　　　　(2) 情報・メディア利用教育活動 ……………………………135
　　　　　(3) 情報・メディア利用促進活動 ……………………………135

第12章　学校図書館活動の実際……………………………………………137
　　1. 情報・メディア利用活動 ………………………………………………137
　　　　　(1) 閲　　覧 ……………………………………………………137
　　　　　(2) 貸 出 し ……………………………………………………141
　　　　　(3) レファレンスサービス ……………………………………143
　　2. 情報・メディア利用促進活動 …………………………………………147
　　　　　(1) 内　　容 ……………………………………………………147
　　　　　(2) 方　　法 ……………………………………………………148
　　　　　(3) 計　　画 ……………………………………………………151
　　　　　(4) 活動の実際 …………………………………………………152

第13章　学校図書館の評価と改善…………………………………………155
　　1. 評価の目的 ………………………………………………………………155

2. 評価の基準 …………………………………………………156
　　3. 評価の内容 …………………………………………………157
　　4. 評価の種類と方法 …………………………………………159
　　5. 評価データの収集 …………………………………………161
　　6. 評価モデルの利用 …………………………………………162
　　7. 評価と改善 …………………………………………………165

第14章　学校図書館の課題と展望 ………………………………167
　　1. 学校図書館の現状 …………………………………………167
　　2. 課題克服への方策 …………………………………………168

参考文献 ………………………………………………………………171
資　　料 ………………………………………………………………172
　　1. 学校図書館法 ………………………………………………172
　　2. 学校図書館法附則第2項の学校の規模を定める政令 ……173
　　3. 学校図書館法施行令を廃止する政令 ……………………173
　　4. 学校図書館法施行規則を廃止する省令 …………………174
　　5. 学校図書館司書教諭講習規程 ……………………………174
　　6. 司書教諭の講習科目のねらいと内容 ……………………176
　　7. 小学校の年間授業時数（学校教育法施行規則　別表第1）……177
　　8. 中学校の年間授業時数（学校教育法施行規則　別表第2）……177
　　9. 「学校図書館図書標準」の設定について（通知）………178
　　10. 学校図書館メディア基準 …………………………………180
　　11. 図書館法 ……………………………………………………185
　　12. ユネスコ・国際図書館連盟共同学校図書館宣言 ………187
　　13. 子どもの読書活動の推進に関する法律 …………………189
さくいん ………………………………………………………………191

第1章　教育と学校図書館

　現代社会において学校教育が果たす役割は，歴史上かつてなく大きくなっている。学校教育が，司法・治安行政と医療行政とならんで，いわゆる福祉国家の基本政策の3本柱の一つになっているという行政上の事情のためばかりでなく，現代社会の再生産システムそのものが，次世代の青少年の教育と人間形成を学校教育に大きく依存することを前提として機能しているからでもある。

　ここでは，教育の営みが学校教育に収斂してきた経緯を，主として知識の伝達システムとしてのコミュニケーション機能の拡張の歴史を長期的な人類史の観点から俯瞰し，教育コミュニケーションの諸類型が，教育関係を成り立たせている構成要素の強調点の推移とともに変容してきたことを明らかにするとともに，現代社会における教育コミュニケーションの特質をふまえ，特に学校図書館が果たすべき基本的な役割と，新たな時代の要請をうけてこれから果たしていくべき課題のいくつかについて検討しておこう。

1.　学校教育の意義と理念——コミュニケーション機能を中心に

　人間がさまざまな生活行動のなかで多様な経験を積み，その経験を再統合するなかで「知識」を取り出し，それを誰かに伝える（伝達する）ことは，人類の歴史とともに行われてきたことであった。その歴史は，無文字社会の時代を視野に入れると，かなり古い。世界各地の考古学的遺跡において観察することができるさまざまな文化的遺物の多くは，人間がそのような伝達行動を繰り返してきたことをよく物語っている。

　たとえば，今から60万年前に始まる旧石器時代は，いちじるしい自然環境の変化にもかかわらず長らく狩猟・採取経済の段階に留まっていたが，3万年前

に始まるとされる旧石器時代後期になると，人間生活はいよいよ集団的になった。さまざまなレベルでのコミュニケーションが発達してきた様子は，いわゆる洞窟絵画において確認することができる。

旧石器時代の洞窟絵画が，その表現力，構成力などの点で頂点に達するのは，美術史上マドレーヌ期と呼

1-1図　ラスコーの洞窟壁画
（出典：高階秀爾監修『カラー版・西洋美術史』美術出版社　1990　p.8）

ばれる約2年前から約1万年前の頃で，有名なラスコー洞窟に描かれたビソン（bison：バイソン，野牛）は，マドレーヌ期後期のものである（1-1図）。

この洞窟絵画は，黄土色の地に黒の彩色でスケッチ風にビソンが描かれているが，黄色と黒という補色関係にある色彩技術を認識していたことをうかがわせるばかりでなく，さまざまな情報に満ちている。狩りの対象であるビソンがどのようなものなのかをきわめて写実的に表現し，後に続く世代に伝えようとしている。たてがみを表す縦の線と腹部の太く柔らかな線との使い分けによって大型動物の特徴を見事に表し，頭部や蹄にも写実的な技巧が凝らされている。また，腹部からは腸がはみ出し，その前には倒れた人間も描かれており，狩りというものがどれほどの危険を伴うか，大型動物と人間との距離や，狩りの際の連携と協力の必要性を示している。狩りに必要な武器がどのようなものであり，ビソンの頭部の角や蹄に近づくと危険であることなどが情報として示されているのである。

文字を持たない時代には，人々はこのような図像や彫刻物によって知識や経験，ある種の価値判断を，他者や次の世代に伝えようとしていたのである。無文字社会の人々が操っていたコミュニケーションの基本的な要素は，音（声や楽器），図像や彫刻物，ジェスチャーや踊りなどの身体表現，装飾，衣装，などであった。このような基本的なコミュニケーション要素は，持続性あるいは保存性という点で二つに分類することができる。

その一つは，世代間での情報や知識の持続性と保存性という分類である。大人や親が何かの経験や価値，知識などを子どもや次の世代に伝達しようとするとき，目の前で実演するという方法がある。上に見たコミュニケーションの基本的な要素のうち，声を出して何かを伝えるとか，歌で唱って伝えるとか，何かの身体表現によって伝える場合がこれである。この方法には目の前で情報や価値が実演されるという意味で，情報の内容のリアリズムがある。また，学習者にとっては目の前に具体的な知識のモデルや発達モデルを見ることができるという点で学習効果は高い。つまりその場ですぐに分かるというコミュニケーションの方法であり，これを「実演型教育コミュニケーション」と呼んでいいだろう。徒弟教育，歌舞伎などの伝承芸能の世界や技能教育の一部では，今日でも「実演型教育コミュニケーション」によって情報と知識，能力が再生産されている。しかし，この「実演型教育コミュニケーション」では，大人や親がそれを演じることができなくなると，情報や知識は消えてしまうという宿命がつきまとう。

　「実演型教育コミュニケーション」が短命であるという宿命を回避しようとして考えられたのが，二つ目の分類としてまとめることができるコミュニケーションの要素である。それは，情報や知識が実演する身体から離れることによって持続するという特徴がある。こうした要素として，図像や彫刻物というかたちで記録に残し，その記録を解読する能力や，解読のための一定の様式や意味のコードのようなものが想定された。これを「図像型教育コミュニケーション」と呼ぶことができる。上に述べた洞窟壁画は，「実演型教育コミュニケーション」を超えて，持続性と保存性を考えた「図像型教育コミュニケーション」の方法であったのである。

　こうした図像や彫刻物は，最初は粘土や土，あるいは木材のような比較的簡単に加工できる身の回りの物質を利用することから始まったであろうが，やがて加工技術が進化すると，木材よりも石材，石材よりも金属物質というふうに，温度変化や湿度の変化に耐えられる耐久性の高い物質が記録媒体として使われるようになった。その経緯は，今日でも広く行われている碑文，銘板などが石

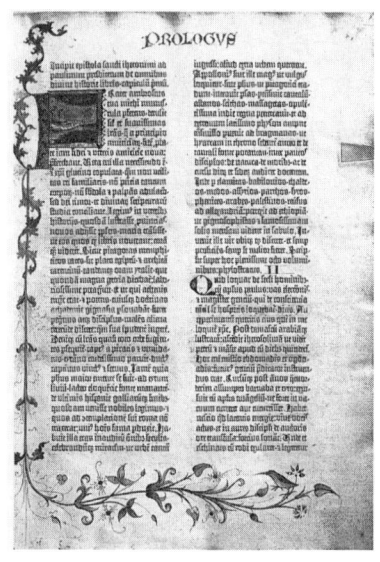

1-2図　ロゼッタ・ストーン（左）とグーテンベルクの活版印刷42行聖書（1452-55，初版）（右）
（出典：矢島文夫監修，田中一光構成『人間と文字』平凡社　1995　p.47, p.176）

や金属で造形されていることからも理解できよう。古代社会の学校でも石版や砂，石膏のようなものが教具として採用されていた。図像を簡略化し，記号化することから「記号・文字型教育コミュニケーション」が発展することになる。

　加工技術の進化とともに記録媒体がますます保存性を高めるようになると，伝達される情報の量と密度という点でも大きな変革を伴うことになった。それは，記号の発明である。人類は図像の文化の中から記号を発明することになったのである。記号によって多くの情報が濃縮され，定式化され，視認性を高めることになった。絵文字に起源を持つ記号は，いわゆる四大河文明に共通しており，コミュニケーションの技法として文字を発達させている。

　ロゼッタ・ストーンや活字印刷の黎明期の典型的な印刷物の一つである『42行聖書』（1-2図）を見ればわかるように，そこには非常に緻密な作業によって情報を文字化し，後の世代・時代に伝えようとした作り手の非常に強い「意志」を感じる。

しかし、「実演型教育コミュニケーション」と「図像型教育コミュニケーション」はどちらも、記号と文字の進化によって新しいコミュニケーションの技法が進化しても、完全になくなることはなかった。

　記号と文字を媒体にする新しいコミュニケーション技法がどんなに進化しても、「実演型教育コミュニケーション」や「図像型教育コミュニケーション」がなくならないのは、教育の本質のある部分を示している。それは、人間が、自分の身体を記憶媒体として、自分の感覚諸器官を通さないと理解できない情報が存在することを知っていることと深く結びついている。「百聞は一見に如かず」とか「習うより慣れろ」、あるいは「身体で覚えろ」といった警句がそれなりに信憑性を保持しているのは、知識の中には「実演型教育コミュニケーション」によって初めて理解が深まるという性質の知識や情報があるからであり、教育の営みのある部分にはそうした「実演型教育コミュニケーション」を前提とした人間形成の機能が潜んでいるからであろう。電子メディアがどんなに発達しても、子どもたちは相変わらず学校に通い、教室で先生の顔を見つめながら、face to face の実演型の、リアリズムが保持される「実演型教育コミュニケーション」の枠組みの中で学び、教育の初期の段階から「絵本」などの「図像型教育コミュニケーション」の中に身を置いて成長しているのである。

　しかし、社会が進歩し、知識が拡大し、伝達すべき内容が膨大になってくると、「実演型教育コミュニケーション」や「図像型教育コミュニケーション」のシステムではとうてい対処できなくなり、やがて「文字・記号型教育コミュニケーション」が発展することになる。記号と文字を媒体にしたコミュニケーションは、情報の高密度化と持続性・保存性を高めるために、伝達媒体として利用可能な材料の開発と加工技術の発達に支えられて、この数千年間に長足の進歩を遂げてきている。とりわけ、「紙」という比較的加工しやすく、軽くて持ち運びやすく、湿度と温度の管理さえできれば保存性と再現性が高い材料が安価に大量生産されるようになると、「文字型教育コミュニケーション」が主流になってきた。とりわけ学校は、言葉と文字の修得に最大の教育機能を果たすようになる。

古代ギリシアのパイデイアの思想を構成するアレテーとテクネーのうち，アレテーは人間の内面を加工する能力として，言葉を操る能力の教育を重視していた。文字を通して言語活動をより洗練させ，言葉と文字を操る能力を獲得することによって社会的な上昇が図られるようになると，近代以降の大衆教育の広まりを背景に，学校教育は当初の人格教育の機能よりも，文字を媒介した知識教育へとその機能をシフトさせることになった。近代以前の教育が，人格の完成と教養を身につけることに人間形成の最終的な「目的」を置いていたのに対して，近代以降の教育，とりわけ学校教育が，断片的な（つまり専門的な）知識や技能を修得することに教育の「目標」を置くようになってきたことは，教育が識字教育を中心に再編されるようになったことと無関係ではなかった。人格教育と乖離した目標をめざすこのような近代教育を，「教育目的の解体」と見ることもできる。

2. 学校教育と学校図書館

学校教育で展開される教育関係は，教育伝達の構造という観点からすれば，教育活動が展開される場所（空間）と時間（歴史）と時期（発達段階）などのコンテクストに応じて，次の三つの要素から成り立っていることが分かる。

第一は「教える人」という要素である。教える人とは教師，親，大人，成熟者であり，その道の先達としての師匠や先輩，親方などである。広く，「教育する意図を持つ人」といってもよい。第二は，「教えられる人」，あるいは「学ぶ人」である。ここには学習者，児童，生徒，子ども，未成熟者が含まれる。

一見すると教育関係は，「教える人」と「学ぶ人」がいれば成立するように思える。しかしよく考えると，「教える人」が「学ぶ人」とのあいだに教育関係を成り立たせるには，「教える中身」がなくてはならない。「教える中身」にはいろいろあろうが，まずは経験があることであろう。人は経験があるからこそ，その経験を誰かに伝えたり教えたりすることで教育関係を形成する。この経験は「実演型教育コミュニケーション」によって表現されることもあるが，

内容によってはその形態では範囲を覆いきれない場合が生じる。そこで，経験を再構成し，組織的にまとめたものとして「教材」がある。教育関係の第三の要素としての「教材」には，知識を文字で表現したもの，技術を道具で表現したもの，表現されたものを保存するもの，知識や情報を加工する道具などが含まれる。

　このように，学校教育における教育関係は，「教える人」（教育者）・「学ぶ人」（学習者）・教材（教育内容）という三つの要素で成り立っているが，それぞれの要素の特質について，もう少し詳しく検討しておこう。

　「教える人」（教育者）というのは，親または親世代，年長世代であって，本来，日常生活なのかで比較的経験がある者がその経験を組織的に伝達する人のことである。したがって「教える人」（教育者）には，「経験を積んでいる人」一般が含まれる。教育を，経験を積んだ世代とまだ経験を積んでいない世代とのあいだの伝達関係としてとらえたのは，教育社会学の生みの親デュルケム（Émile Durkeim, 1858-1919）であった。彼は，教育の営みを，次のように定義している[1]。

> 教育とは，社会生活においてまだ成熟していない世代に対して成人世代によって行使される作用である。教育の目的は，子どもに対して政治社会の全体が，また子どもがとくに予定されている特定の環境が要求する一定の身体的，知的，及び道徳的な状態を子どもの中に発現させ，発達させることである。

　教師は，経験を積んだ世代の代表として子どもたちの前に立つ。教師は人類の経験の総体を専門的に再統合し，より効率的に教え，伝達する技法の修練を積んでいる人のことである。しかし，教師が何をどのように教えるかは，教える人の価値観に左右されやすい。教育の営みほど教える側の，あるいは教育を語る側の主観的な願望や価値観を呼び込みやすいものはない。したがって，ここからは，どのような意図をもって教えるのか，どのような立場で教えるのかという問題をめぐって，教育的価値観を問う論争が発生しやすく，「教える人」

---

[1] デュルケム,E.著, 佐々木交賢訳『教育と社会学』誠信書房　1976　p.15.（原題：*Education et Sociologie*. 1922）

（教育者）の意図の分析，教育のイデオロギー的側面を分析する必要が生じる。

教育関係を成り立たせる2番目の要素である「学ぶ人」（学習者）は，教育の段階と場所によって，児童，生徒，学生，受講者と呼ばれる。「学ぶ人」（学習者）は，多くの場合，子どもであり若者（青年）である。それは，一般的に子どもたちが未成熟で未経験な状態にあるということを前提にしており，デュルケムも，大人世代と子ども世代のあいだの教育関係を成熟と未成熟のあいだの文化伝達の様式としてとらえようとしたのであった。

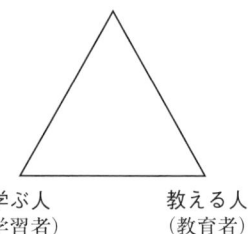

1-3図　教育関係の3要素

ところが，実際の学習行為は，「教える人」（教育者）と「学ぶ人」（学習者）の関係においてのみ成立するのではなく，第三の要素を含んで，さまざまな関係において成立する（1-3図）。

教育関係には「教材」が媒介するのである。「教える人」（教育者・教師）は，「教材」を媒介して「学ぶ人」（学習者）に働きかけ，「学ぶ人」（学習者）は「教材」を媒介にして「教える人」（教育者）から学ぶ。あるいは，時には，「学ぶ人」（学習者）は，「教える人」（教育者）を媒介して「教材」に出会うことがあり，「教える人」（教育者）を抜きにして，直接，「教材」と出会うこともある。

このように，「教材」は，「教える人」（教育者）からも「学ぶ人」（学習者）からも一定の距離を置いて存在するが，そもそも何が「教材」になるかは，「学ぶ人」（学習者）の意図と「教える人」（教育者）の意図によってざまざまである。一般的な言い方をすれば，「教材」とは，その社会の文化や歴史的経験，芸術一般，精神的価値などの表現物を集大成し，それを教育する意図に従って取捨選択し，学習段階と発達段階を踏まえて再編成・再構成したものである。したがって，この再編成や再構成には，文化論的な価値判断がはたらくし，教育内容がどのような発達段階論を想定しているか，学習の系統性をめぐる判

断が問われることになる。そして，再編成されなかった事実や経験，再構成からこぼれ落ちた経験や知識もふくめて，総体としてどのような知の枠組みが必要なのかが問われるのである。学校図書館が網羅すべき対象の範囲は，このような幅広い知の枠組みなのである。

　教育関係はこのような三つの要素で成り立っているが，それぞれの関係の「あり方」によっても教育の質が変わる。もっぱら「教える人」（教育者・大人や教師）が中心になって，「教える人」（教育者）の側から発想するのが伝統的な教育関係であった。これに対して，もっぱら「学ぶ人」（学習者・子ども）の側，つまり学習主体の側から発想する新しい教育関係が20世紀初頭から，じわじわと伝統的な教育関係の問題点をあぶり出してきた。いわゆる新教育運動はそのような役割を果たしたのである。さらに，この動きに加えて，第三の，教材や文化から発想する教育関係も20世紀の半ば以降，文化人類学や，歴史人類学の隆盛の中で注目を集めるようになってきている。20世紀半ば以降の時期を通じて公教育のさまざまな問題があぶり出されるようになってきた背景には，このような伝統的な教育関係の矛盾に気がつき，それとは違う「学ぶ人」（学習者・子ども）から発想する教育関係への移行をめざす趨勢があると見るべきであろう。

　このような趨勢の中で，学校図書館もその役割と方向性を大きく変えようとしている。20世紀の学校図書館は，伝統的な「教える人」（教育者・大人）中心型の教育関係を補強するものとしての学校図書館の時代から，「学ぶ人」（学習主体・子ども）の自己教育をサポートする学校図書館の役割へとそのスタンスを大きく変えてきている。そして21世紀に向けて，メディアの発達や，ユニバーサル・カルチャーが大衆社会を覆い尽くそうとする中で，学校図書館は，学校型教育の限界を自覚しつつ，自立支援型学習ネットワークと共存支援型学習ネットワークの構築の双方に貢献するという新たな役割を引き受けようとしている。前者は，真に成熟した個人主義の時代を目ざす人々の自立志向に資する学習ネットワークであり，後者は人々の共存に不可欠な共感能力を活性化する知識と感性の再構成である。一方では，情報の選択性と多様性を拡大するた

```
┌─────────────────────────────────────────────────────────┐
│ ◆実演型教育コミュニケーションの時代（原始社会以降）       │
│  =発達モデルによる直接伝達のリアリズムの保持──世代間伝達 │
│ ◆図像型教育コミュニケーションの時代（旧石器時代以降）    │
│  =情報の保存性と持続性の開拓──時代間伝達                │
│ ◆記号・文字型教育コミュニケーションの時代（古代文明期以降）│
│  =情報の集中と高密度化に向けての技術革新──文化間伝達    │
│ ◆統合メディア型教育コミュニケーションの時代（近・現代）  │
│  =情報の選択性と多様性に向けての統合型メディアの時代     │
│   ・自立支援型学習ネットワーク時代の学校図書館           │
│   ・共存支援型学習ネットワーク時代の学校図書館           │
└─────────────────────────────────────────────────────────┘
```

1-4図　教育コミュニケーションの諸類型の推移

めのシステムを開拓し、他方では、さまざまなメディアを統合した新しい教育コミュニケーションの時代の到来を視野に入れた、「自立支援型学習ネットワーク」の構築と「共存支援型学習ネットワーク」の構築の双方に貢献するという役割である。

3. 問われている今日の教育課題

　教育のあり方は、その社会の未来に対する姿勢のあらわれを最もよく表すといわれる。日本では、この100年ほどのあいだに、教育を通じて未来を展望する姿勢は何度か大きく振れてきた。

　ひとむかし前の、明治維新のような時代の大きな変革期や、戦争によってうちひしがれ、戦争の矛盾を深く受け止める経験があった時代には、教育は未来に対する投資であった。山登りにたとえれば、山に向かって登っていく過程では、少しでも高く登れば今の生活よりは良くなり、眺望もひらかれ、何か良いことがあるに違いないと信じて、多少の苦労も我慢できた。我慢するイデオロギーは「近代合理主義」であった。教育に求められたのは近代合理主義の推進

役であった。山の頂上を目ざしながら,額に汗し,朝日を浴びて,未来を信じて,我慢して登り続けてきたのであった。

しかし,山の高さは分からないが,ともかく頂上らしきところにたどり着いてみると,その先に見えるのは,かなり急な「下り坂」であった。我慢して登ってきた割には,得たものが少なく,期待していたほどの眺望は得られず,なんだかよく分からないまま,頂上での小休止もそこそこに,もっと高い立派な山に向かって登るのかと思っていたら,急にあたふたと「下り坂」を降りるしかなくなってきたのである。登り始めた頃,背負っていた荷物も,まだかなり残ったまま下り始めたが,太陽は次第に西に傾き,急がないと足元が明るいうちにふもとに着けそうにないという焦りも出てきた。社会のあり方に対して,教育が担うべき役割への期待と失望のあいだの格差がこれほど大きく感じられる時代は,これまでの日本の歴史になかったことである。

この国の現状。——交通事故の死者は,年間1万人前後をここ10年以上繰り返している。負傷者の数はその数倍である。10年で10万人以上が死に,その数倍の人が負傷し続けていることになる。しかも,子どもの死亡者が多い。統計上,毎年小学校が数校消えてしまうほどの人数の子どもが輪禍に遭って生命を落としている。親に虐待されて生命を失う赤ん坊や乳幼児の数も増えているという。自殺者の数はもっと多く,毎年3万人以上が自ら命を絶っている。10年で30万人近い自殺者が出る国である。その多くは働き盛りの男性と,戦中戦後に苦労に苦労を重ねてきた高齢者だという。いじめやその他のことで学校に行けなくなる,行かない子ども・若者たちは,潜在者もふくめれば同世代人口の1割を軽く超すといわれる。引きこもりの若者は100万人を超えているという。フリーターという社会的に不安定な身分のまま漂流する若者もウナギ登りに増え,新卒の高校生の3分の1以上は就職ができないという。いたいけな乳幼児の生命が粗末に扱われる社会,老人が老後を心安らかに過ごせず,意図せずして浮浪(不労)者になった人たちが何の理由もなく,親からまともなしつけを受け損なった中学生たちに次々と撲殺される社会,青年が未来に希望を持てない社会——これが戦後日本が目ざした社会の現実である。この現実が,現代日

本の教育の課題のすべてを映しだしている。

　家庭の教育力，学校の教育力，地域社会の教育力のすべてが疲弊しているように見える。しかし，家庭，学校，地域社会の教育力だけを単独に回復する手だてがあったとしても，それだけでは今日の教育問題のすべてを解決することは不可能であろう。すべては連動している。

（1）　新しい学力観——「生きる力」

　疲弊する社会にあって，家庭と学校と地域社会が連動して，学びの共同体を構想し，未来社会からの使者である子どもや若者たちに優れた子育ての知恵を伝達し，教育の夢を活性化するために，どのような指標が立てられるべきであろうか。時代と社会が要請する能力の特質を冷静に見極めるとき，本当の「新しい学力」がどのようなものであり，それが生きることと学ぶこととのあいだに切り結ぶべき「生きる力」として，緊張感をもって，ほの見えてこよう。

　今日，子ども・若者の教育をめぐって問題になることがらとしては，自己への問いが浅いこと，社会的な感性が育っていないこと，知識を生きることに繋げる
ことができていないこと，などがある。その結果，引きこもりがちになったり，必要以上に被害妄想になるかと思えば，逆に，必要以上に自信過剰になる場合もあり，バランスが悪い。流行や情報には敏感だが，それを自己表現の力として外に発信して他者との間に相互交流をするのが苦手な子ども・若者が目立つ。困難に直面したとき，それを克服するためにねばり強く努力をする子ども・若者は少ない。刹那的な快楽に身を委ねる若者の数は増えている。彼らには，社会的な諸関係の中で自分の存在を価値づけ，他者と交流し，他者とともに発達していくという「生きる力」が弱い。このような子ども・若者たちに，バランス良く身につけさせたい能力・学力・技能としては，大きく次の四つの領域があろう。

　領域1　思考や認知を行動に表す能力・学力・技能
　領域2　自己認識・アイデンティティを深める能力・学力・技能
　領域3　態度・意見表明・価値観を形成する能力・学力・技能

領域4　社会生活への適応力を形成する能力・学力・技能

　第一には，思考や認知を行動に表す能力・学力・技能の領域がある。ここにはさらに次のような能力指標も含まれる。

(1) 観察・洞察力　　　　(2) 思考力　　　　　　(3) 意志決定力
(4) 課題設定力　　　　　(5) 調査研究能力　　　(6) 情報活用力
(7) メディアリテラシーの能力　　　　　　　　　(8) 問題解決力
(9) 企画実践力　　　　　(10) 作品制作の能力

　第二には，自己認識・アイデンティティを深める能力・学力・技能の領域がある。ここには次のような能力指標が含まれる。

(1) 自己形成史の表現力　　　(2) 自己改革・向上への意志力
(3) 自己評価の能力　　　　　(4) 自己コントロールの能力
(5) 生き方の構想力　　　　　(6) 自己表現力

　第三には，態度・意見表明・価値観を形成する能力・学力・技能の領域がある。ここには次のような能力指標が含まれる。

(1) 協調性　　　　　　　(2) 礼儀作法・マナー　(3) 倫理観・責任感
(4) 積極的・主体的態度　(5) 創造的態度　　　　(6) 福祉的態度

　そして，第四には，社会生活への適応力を形成する能力・学力・技能という領域がある。ここには次のような能力指標が含まれる。

(1) 現代社会に対する基礎認識の能力
(2) 異文化や異なる価値観に対する理解力と適応力
(3) 健康な生活を維持・増進する能力
(4) コミュニケーションの能力
(5) 社会参加的態度

(2)　能力指標と学校図書館——自立支援と共存支援

　前述のような能力指標のうち，特に学校図書館とのかかわりで注目しておきたいのは，「課題設定力」「調査研究能力」「情報活用力」「メディアリテラシーの能力」「積極的・主体的態度」「創造的態度」「コミュニケーションの能力」

などである。

　「課題設定力」には、①経験や資料から自分なりの課題や疑問を見つける、②自分で調べたいことや、やってみたいことを見つけることができる、③自分の意見や考えをはっきりと持つことができる、といった能力が想定される。

　「調査研究能力」には、①文献や資料の内容を自分の考えでまとめることができる、②収集したデータを分析することができる、③調べたことや実験結果をわかりやすくまとめることができる、といった能力が含まれる。

　「情報活用力」には、①相手にわかりやすく情報を発信することができる、②目的に応じて効率的に情報を収集することができる、③たくさんの情報の中から必要なものを選択して活用することができる、といった能力が含まれる。

　「メディアリテラシーの能力」には、①各種のメディアから提供される情報の確からしさを評価することができる、②各種のメディアの長所と短所を理解して活用することができる、③インターネットやコンピュータの基本操作ができる、といった能力が含まれる。

　「積極的・主体的態度」には、①自分にとって苦手なことでも粘り強く取り組もうとしている、②なにごとに対しても肯定的に考えようとしている、③なにごとに対しても、それをさらに良くするために取り組もうとしている、といった能力が含まれる。

　「創造的態度」には、①新しいことにチャレンジしようとしている、②従来の物の見方や感じ方にとらわれないようにしている、③新しいアイデアや解決策を考え出すようにしている、といった能力が含まれる。

　そして、「コミュニケーションの能力」には、①豊富な話題を持って、相手と会話を続けることができる、②話し合いを通してよりよい考え方や見方を生みだすことができる、③異なる意見や考え方を調節してまとめることができる、といった能力が含まれる。

　これらの能力指標に含まれる能力・学力・技能の内容は、先に述べた「自立支援型学習ネットワーク」と「共存支援型学習ネットワーク」の両方を構築する条件であり、目標でもある。「学ぶ人」（学習者・子ども・若者）から発想す

る教育とは，自立志向をますます鼓舞すると同時に，他者との共存志向を，言葉の最も広い意味で，コミュニケーション能力として育て上げることである。そのためには，家庭と学校と地域社会が一丸となって，また世代を超えて「学びの共同体」を多面的に，多元的に，しなやかに作らなくてはならない。

4. 生涯学習体系における学校教育

　20世紀以降発展してきた高度情報社会は，高等教育のユニバーサル化や高齢化社会と深い関係がある。今や教育は学校だけが担う時代ではなくなっている。学校だけが教育を担う時代ではなくなってきているというとき，そこにはいくつかの意味がある。

　第一に，人口動態の変化によって，平均余命が延びたことによって，子ども期や青年期が人生のタイムスパン全体に占める位置と比率が変わってきたことである。工業化以前の社会では，青年期を終えて成人期に入る時期は，人生全体のタイムスパンのなかで，ほぼ3分の1の時期であった。短い子ども時代であった。ところが現在では，青年期を終えて成人期に入る時期は，学校時代が延長されるようになったことを割り引いても，人生の4分の1の時期である。その後の長い時間を，学校とは別の枠組みで学び続ける必要性と可能性が生まれているのである。

　第二に，知識や価値観そのものの耐用年数にかかわる変化がある。子ども期や青年期に培った判断力や知識，能力の耐用年数という観点から考えると，長いライフサイクルの中で，若い頃に手に入れた能力をそのままにして，長い人生のすべてを過ごすことは難しい。知識や技術は次々と改良され，進化し続けている。新しい考え方や知見によって組み立てられるシステムが時代を動かし，文化を創り，次の世代のあり方を決めている。

　したがって，高齢化社会と高度情報化社会にあっては，人は常に自己の生きる条件を知的に吟味しなくてはならないのである。子どもが学校で学ぶべきことは，自己教育のために必要な考え方や，勉強の方法の勉強である。先に述べ

た，教育関係の3要素のうち，これからは，どこまでも「学ぶ人」(学習者)の観点から，「学びの共同体」を構築すべきであり，上に見てきた，「自立支援型学習ネットワーク」と「共存支援型学習ネットワーク」からなる「学びの共同体」は，人間の一生にわたって機能すべきものである。

　このように見てくると，今日の学校教育は，コミュニケーションの今日的な形態の行く末を視野に入れながら，人間の自己形成と主体性の確立にとって何が必要であり，何が不必要なのかを冷静に見きわめ，情報の伝達のあり方を教育の本質に照らして再構成すべき重大な局面を迎えているといってよいだろう。私たちの意識の構造は，知的コミュニケーションの構造に応じて常に自己を再生産する。すなわち，私たちは情報によって日々自分をつくっていくのである。この点で，今日，学校図書館が果たす役割は，教育の文化史から見ても，情報伝達の文化史から見ても，きわめて重要である。

第2章　学校図書館の発達と役割

1.　学校図書館の誕生

　教育関係を成立させているのは，「教える人」（教育者・大人や教師），「学ぶ人」（学習者・子ども）と「教材」と三つの要素で成り立っていることが前章で説明された。そして，それぞれの関係の「あり方」によって，教育の質がかわることも理解できた。伝統的には「教える人」の側から発想する関係であったものが，歴史の進展とともに，20世紀初頭から伝統的な教育関係のもつ矛盾が問われ始め，「学ぶ人」（学習者・子ども）の側，つまり学習者の側から発想する新しい教育関係が提唱され，その方向へ移行する趨勢にあることが理解できたと思う。

　このような20世紀初頭に，「学ぶ人」（学習者・子ども）の側から発想する新しい教育関係を提唱し実践したのが，哲学者であり教育学者であったジョン・デューイ（John Dewey, 1859-1952）である。デューイは，「学校という建物のなかで具体化したいと思っている観念の図式的な表現」として学校の概念図を図示し（2-1図），その中心に図書室を置き，「人類の叡知の集積としての図書室」をもつことの意義を説いた。そして，それまでの，教師主導で暗記中心の知識を教え込む教育から，子どもの興味と自発性を尊重する児童中心の学校への転換を提唱し実践し，「重力の中心を子どもに置く」教育の実践には，教科書以外の書物が学習を支援するものとして組織化され図書室に置かれた。

　「学ぶ人」（学習者・子ども）の側から発想する教育実践で，なぜ学校のなかに教科書以外の図書を利用できるところとして図書館が必要なのか，日常生活の文脈のなかで考えてみよう。たとえば，日頃なにか考えて分からないことや問題にぶつかった時，どのような行動をとるだろう。まず自分の頭にある既

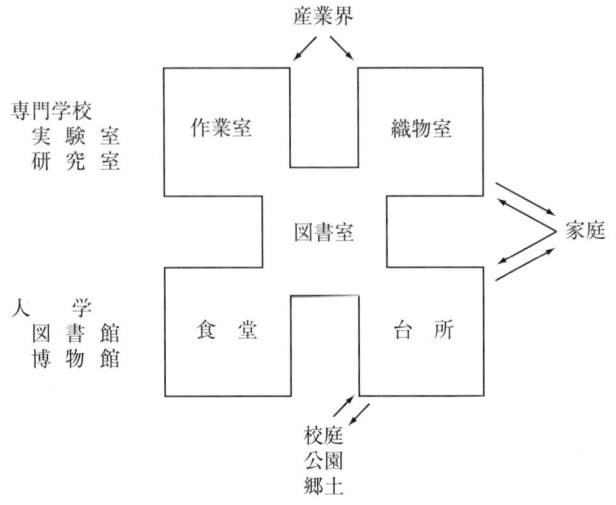

2-1図　デューイによる学校の概念図
(出典：デューイ, J. 著, 宮原誠一訳『学校と社会』岩波書店　1957　p.83)

有の知識を使って考えて，解決しようとするだろう。それでも，解決できないときには，身近にいる人（非記録媒体）に聞いて問題解決のもとになる情報を得ようとする。この場合，尋ねる人は，両親であったり，友人であったり，とにかく身近にいる人に尋ねるだろう。それでもまだ解決できない場合には，身近にある本や新聞（記録媒体）などから問題解決に役立つ情報を探してみる。それでも，解決できなければ，書店へ行って解決に役立つ本を探すだろう。

　言い換えれば，人が主体的・自主的に考え問題を解決しようとすると，必ず「情報」を必要とする。解決の鍵になる「情報」を求めるということである。たとえば，私たちが外出する際，傘を持っていく必要があるかないか判断を下すには，テレビや新聞の天気予報の記事から情報を入手して判断する。このように，何かを解釈する，分かる，判断するためには，情報の入手が不可欠といえる。

　この際，「情報」を定義することは甚だ難しいが，ここでは，伝達された内容が，必ず，その後の何らかの判断，または行動のための「意思決定の基本的

要素になるもの」[1]と定義づけておこう。

　すなわち，児童生徒が，疑問に思ったことを，あるいは興味を持ったことを自分で考え主体的に分かろうとすれば，必ず，何らかの情報が必要であり，身近に情報を入手できる手段が不可欠となる。児童生徒にとってそのような情報を組織的・体系的に容易に入手できるとろはどこか。それは紛れもなく彼らにとって最も身近な学校であり，その学校のなかにある情報の集積地，図書館にほかならない。図書館は人間になぞらえると，その図書館が属している組織の頭脳の働きをするものと考えられる。学校図書館の場合は，いうまでもなく，学校を構成している児童生徒，教職員の頭脳の働きをするものと言える。学校図書館は児童生徒や教職員が，自分で考えて解決できない問題に直面した時，問題解決の糸口になる情報を入手できるところにほかならない。

　21世紀の学校図書館は，これまでより一層「学ぶ人」（学習者・子ども）が自立した学習者となるように，「生きる力」の育成に，単に学習者を支援することから積極的・能動的に働きかけていくことが求められている。そのような学校図書館の基本的機能について考察してみよう。

2.　学校図書館の基本的機能

　図書館は，学校図書館，大学図書館，公共図書館，専門図書館など，館種を問わず，ある組織に付属し，その組織の構成員をサービス対象として，その構成員の情報ニーズに応えるためにサービスを提供する機関である。学校図書館のサービス対象は，言うまでもなく，その学校に所属する児童生徒，教職員であり，場合によっては地域住民もサービス対象とされる。そして，提供される情報サービスの基盤は，サービス対象の頭脳の働きをするコレクションとしての学校図書館資料にほかならない。

　そのようなコレクションを基盤としてサービスを提供するために，学校図書

---

1)　ベッカー，J., ヘイズ，R.M. 著, 情報研究会訳『情報の蓄積と検索』日本経営出版会　1967　p.3.

館は，資料の収集・整理・保存・提供の四つの基本的機能を果たさなければならない。そして，これらの機能を果たすために，諸活動が行われる。以下，各々の機能について考察しよう。

1）**収集機能**　学校図書館が総体として果たすべきサービス機関としての情報サービスの基盤は，学校図書館資料にある。これをコレクションとして構築するには，膨大な量の出版物をはじめとする各種の資料の中から，教育目標達成を目指して，児童生徒や教師の情報要求に応えられるメディアを見つけ出さなければならない。したがって，収集には「教育課程の展開に寄与し，児童生徒の健全な教養の育成」に資するコレクションを構築するために，事前に十分，利用者の情報要求を把握しておくことが肝要である。このことが学校図書館として最も基本的なことである。

2）**整理機能**　収集された資料は，児童生徒や教師にとって，利用しやすいように，また図書館運営上の便宜のためにも，組織化される。組織化の方法としては，検索の手段として，各種目録が作成され，図書の扱う内容によって分類され，分類番号が付けられて，排架の場所が決められる。

3）**保存機能**　使いやすいように分類番号順に主題別に書架に排架され保存される。印刷資料・視聴覚メディアをはじめ図書館所蔵の資料は，内容の古くなったものは更新して，常にコレクションの新鮮度は保たれる。これは学習と学習指導に資する図書館としては，重要な課題である。そして，現在の資料は時の経過と共に過去のものになることは避けられない事実で，将来，利用されると思われるものは，書庫に蓄積・保存される。

4）**提供機能**　学校図書館活動の究極の目的は，資料の提供にあり，この機能は，四つの機能の中で，サービス対象としている利用者，すなわち，児童生徒と教師に，直接，接して，貸出しや閲覧，あるいはレファレンスサービス，情報活用能力の育成といった諸活動を通して遂行される。資料の収集・整理・保存の機能は，児童生徒や教師の目に直接触れないところで遂行されるが，これらの機能が円滑に行われてはじめて，利用者の情報要求に応えるサービスが可能になる。

学校図書館はこれら四つの機能をもって，児童生徒と教師の情報要求に応えて，資料を提供し，「教育課程の展開に寄与し，児童生徒の教養の育成」に務めるサービス機関であり，また，学校の中に図書館を設ける理由の一つである自主的・自立的学習を支援し，そのような学習を行う際に必要な知識・技能の習得を支援する指導機関でもある。

　ここで，80年代以降，図書館資料の種類と図書館資料を常に所蔵するというこれまでのあり方に決定的な変化をもたらす社会変化が起きている。その一つは「図書館資料」を「図書館メディア」に置き換える必要性がでてきたことである。メディアの原語はラテン語で，手段・媒体（情報を記録したり伝えたりする媒介物のこと）を意味する。これまでは，すべての情報は紙に記録され，図書館は文字通り図書を主体とするコレクションを中心にしてその機能を果たしてきた。これは，図書が人類文化を記録する代表的なメディアと認識されているからで，これは将来も変わらないと考えられる。

　しかし，80年代当初から，このことに大きな変化が起こってきた。つまり，人類文化を記録するメディアが多様化したことである。コンパクトディスク（Compact Disk：CD）やCD-ROM，コンピュータで使われる電子媒体が次々と開発され，これまでの資料という言葉では，図書館で収集するものすべてを包含することが困難になった。メディアという言葉は，すでに視聴覚教育の分野において視聴覚資料をメディアと呼んで使われてきており，メディアの多様化に応えて学校図書館では扱う図書・視聴覚資料などすべてを含めて学校図書館メディアと呼んでいる。視聴覚資料を多く扱う米国の学校図書館は，1969年以降，学校図書館をメディアセンターの名称に変えている。

　そして，もう一つは，80年代以降，科学技術の急速に発展した社会環境の中で，図書館サービスの基盤となる図書館コレクションについての一大変化である。それは，常に必要な資料は所蔵するというこれまでの古典的な概念では包摂しきれない部分が生じてきたことである。すなわち，メディアの電子化と高度通信技術の発達によって，インターネット上の情報源やネットワーク環境における情報へのアクセスが可能になったことで，もちろん，学校図書館でもこ

れらの情報源にアクセスして利用できるようにしなければ，児童生徒や教師の情報へのアクセスは制限されてしまう。これまでのように図書館という場所に限定され，そこに所蔵されたコレクションだけを図書館サービスの基盤としたのでは，今日の学校図書館の目的を果たし得なくなった。さらに，情報は常に図書をはじめとする印刷物の形態で流通することが絶対的な条件ではなくなった現在，印刷資料ではないけれども，児童生徒が学習にあるいは教師が学習指導に役立つ情報が電子化されインターネット上にあり，これらをも学校図書館コレクションの中に含めてサービス基盤を形成しなければ，もはや学校図書館としての機能を果たし得なくなっている。情報の電子化とコンピュータと通信技術による情報の流通は，前述の図書館機能一つひとつに計り知れない変革をもたらしている。

たとえば，収集機能について言えば，これまで印刷資料を収集する場合，選書ツールを参照するなどして検討したように，インターネット上にどのような情報源があるかを調査する必要があるし，学校図書館として利用できるものは，これにアクセスできるようにしなければならない。整理機能については，複数館の間にコンピュータネットワークを設けて，総合目録を作成したり，これを書誌ユーティリティとして活用することができる。そうすることによって，目録作成を個々の図書館で行わず，既存の目録からコピーして図書館の目録作成も可能になり，目録作成の労力を省くことができるし，同一の書誌データを共有することができる。

保存機能についても，電子化された資料にインターネットからアクセスできれば，自館で保存の必要がなくなるものもでてくるだろうし，逆に自館で所蔵していないものへのアクセスが可能にもなる。提供機能については，収集の段階で学校図書館向けの情報として選択された情報源は，コンピュータ上にそれらの情報源をリンク付けして提供（アクセス）できるし，重要なことは，外部の情報源から情報を入手するだけではなく，児童生徒や教師が自分たちの学習の成果を，外に向け発信することもできることである。

このように，各種メディアの電子化が図書館に及ぼす影響は計り知れない。

これまでのように，一つの図書館内だけで機能していたものから，外部の情報源も取り込んで図書館機能を果たしていかなければならない。従来の一館孤立完結型（閉鎖システム）ではなく，複数館とネットワークを形成して，より高度の機能を遂行できるように開かれた図書館（開放システム）として運営される必要がある。

3. 学校図書館の制度化

デューイの後，彼の教育思想を基本に，ヘレン・パーカースト（Helen Parkhurst, 1887-1959）は，ダルトン・プラン（Dalton Plan）と呼ばれる生徒個人の自由な勉強計画による個別学習を推進する学習指導方法を開発・実践した。この他，学習者の自覚・自発に基づく生活本位の教育方法であるプロジェクト・メソッドなど，いずれも児童中心的な各自の能力や興味・関心に視点をおいた新しい教育方法が考案され実践された。これらの教育は，進歩主義教育と呼ばれ，広く全米の学校で実践されるものとなり，学習活動を推進させる存在として，学校の中に図書室を設置することが特に中等学校において広く実践された。1920年には，アメリカ図書館協会から中等学校における学校図書館基準[1]が刊行されている。このような教育運動は，これまでの暗記を重視した受け身的な注入主義教育への決別であり，学校教育方法を根本的に変える決定的な要因となった。

明治末期から大正の初頭にかけて，画一主義・注入教育を排除し，教師中心の伝統的教育から，児童本位の自由教育への転換を促す教育思想は，日本へも伝えられた。第一次世界大戦後の国際交流が盛んになる中で，日本の教育界も，欧米の新教育思想の影響を受けて，デモクラシーの教育思想が教育界を風靡した。欧米で提唱された新しい教育方法は，「学ぶ人」（学習者・子ども）の側か

---

1) National Education Association. Committee on Library Organization and Equipment. *Standard Library Organization and Equipment on Secondary Schools.* Chicago, American Library Association, 1920.

らの発想で，いずれも教師本位から児童中心の教育へ，一斉学習から個別学習への転換と言う点で一致していた。教育は児童の心理及び生活を中心としたものとされ，教授よりも学習が重視された。

　アメリカの新教育方法，プロジェクト・メソッド，ダルトン・プランは，日本の教育界に大きな反響を呼び起こし，これらの新教育方法を実践する成城小学校など私立学校も現れた。やがて，その動きは奈良・東京女子師範学校や千葉師範学校付属小学校などの官公立学校へも波及していった。それらの学校では，図書室を設け，読書科を設けたりして，児童の個性的な自由学習を推進した[1]。

　しかし，児童を中心とした教育実践は，日本のすべての学校で行われたわけではない。それとても，昭和に入ると共に困難な状況に立ち至り，民主主義と自由平等を基本とする学校教育の中で,自主的学習を支援する図書館の存在は，第二次世界大戦の終結を待たなければならなかった。

　昭和22(1947)年に施行された「教育基本法」によって，わが国の教育目標は「人格の完成」をめざすものとなり，教育は児童生徒一人ひとりの個性や能力の育成を重視するものとなり，そのような教育の要となる学校図書館の存在がクローズアップされた。

4. 学校図書館法の制定

　第二次世界大戦後の日本の教育は，これまでの画一的・注入主義的教育から脱皮して，個の尊重と自主性・創造性に視点を置く教育への転換が図られた。昭和22(1947)年教育基本法が制定されて，日本国憲法の精神に則り，教育の目的は第一条に明示され，その前文には，新しい日本の教育の基本を確立するために法律が制定されたことがうたわれている。

　これに続いて，学校教育法と学校教育法施行規則が昭和22年に相次いで制定

　1）　塩見昇『日本学校図書館史』全国学校図書館協議会　1986　p.51-94.

された。学校教育法施行規則第1条には,「学校には,その学校の目的を実現するために必要な校地,校舎,校具,運動場,図書館又は図書室,保健室その他の設備を設けなければならない」と記された。

これによって,明治5(1872)年に学制が制定されて以来初めて,学校図書館は法的に学校教育の中に明記された。そして,教育の目的は,「個人の尊厳を重んじ,真理と平和を希求する人間の育成と普遍的で個性豊かな文化の創造をめざす教育」を普及徹底することへと転換した。このような教育の実践は,教科書中心の画一的,一斉型の教育方法や学習方法からの転換を促すものでもあった。

昭和21(1946)年3月31日に発表された米国教育使節団報告書には,「新計画全般にわたって,自学自修のための図書館その他の機関が,重要な役割を演ずべきである。実際,教科書や口授教材の暗記を強調しすぎる悪風をのぞく最良法の一つは,種々異なった諸観点を表す書籍や論文に,学生を接触させることである」と述べられ,昭和25(1950)年9月22日に発表された第二次教育使節団報告書では,「教材センター」の見出しのもとに,「図書館用書籍ならびにその他の教材が各学校に適切に備えられるべきである。学校図書館は単に書籍ばかりでなく,日本人の,あのまれにみる芸術的才能をもって教師と生徒が制作した資料を備えるべきである。(中略)資金が多くもらえるにつれて,幻灯や映画もさらに加えることができる。教材センターとしての学校図書館は,生徒を援助し指導する司書を置いて,学校の心臓部となるべきである」と記されている。

このように学習者の個性や自主性・創造性を重んじる学習においては,教科書以外の資料が必要であることが説かれ,学校教育の現場でも,これを実践しようと新しい教育観に燃えた教師たちは,教科書以外の多種多様な資料が整備され利用できる図書室の設置を熱望した。

そして,学校図書館の設置が現実のものとなり新しい教育の中で確実に機能するものとするために,全国学校図書館協議会が中心になって,学校図書館法の制定を目標に全国的な運動を展開し,ついに,昭和28(1953)年7月29日,学

校図書館法は国会で承認され8月8日付けで公布された。

　このように図書や図書館の活用の重要性が認識されて，学校図書館が設置され，その活用が普遍的なものになる経緯を考察した上で確認しておきたいことは，その基調にある教育理念と教育方法である。すなわち，民主主義社会において，児童生徒一人ひとりの持つ自主性・創造性を育成し，人格の完成を目標とする教育の実践には，必ずや児童生徒一人ひとりの学習要求に応える情報・メディアの利用が不可欠であるということである。

5.　旧来の学校図書館からの脱皮

　教育の内容も方法も，社会の変化・発展とともに変化してきたことは，第1章や前節から理解できたと思う。したがって，「教育課程の展開に寄与し，児童生徒の健全な教養の育成」を目的とする学校図書館が，常にこの目的を達成しようとするならば，社会の発展に伴って改革されてきた教育課程や教育方法に対応して変化していかなければ，学習活動の出発点となる情報・メディアを扱っている学校図書館の学校教育における存在理由は雲散霧消してしまうことは明らかである。特に情報社会において生涯学習を見据えた教育方法は，これまでの受動的な学習方法から自発的・能動的な学習へと急速に変わってきている。このことへの対応は，学校図書館としては急務である。

　教育課程編成や教育方法の変化など教育環境の変化に応えて，学校図書館は，学習と学習指導を支援するサービスのあり方も，そのサービスの基盤となる学校図書館のコレクションの構成についても，これまでどおりのあり方では，児童生徒や教師の学習とその指導を支援する働きを担えない。

　学校図書館に求められる変化への対応の第一歩は，学習や学習指導にに役立つメディアに関するものである。これまでは，学校図書館の資料といえば，印刷資料が大半であった。しかし，今日，視聴覚メディアはもちろんのこと，放送系中心のマスメディアや文字・画像・音声・数値などあらゆるメディアのデジタル化が進展し，これをコンピュータや高度通信技術を駆使して，インター

ネットを介して情報として容易に利用できるマルチメディアなど，これらすべてを含んで学校図書館メディアとして選択・収集の対象として学校図書館のコレクションを構築する必要がある。そして，これらを児童生徒及び教師が利用できるように，彼らの頭脳の働きができるように組織化していかなければならない。幅広いメディアの収集なくして，今日の学校教育に求められている学習と学習指導の支援は不可能といえる。

　さらに，メディアの多様化に加えて，学習形態の多様化も進展している。その要因は，教科書中心の暗記による一斉・画一授業から脱却して，児童生徒の自主的で個性的な学習が尊重されてきていることにある。児童生徒一人ひとりの創造的探求力を育成するためには，教授学習過程を弾力化する必要がある。それには，各種の学習条件を整えることが欠かせない。すなわち，次のような学習形態が望まれる[1]。

(1) 知的発見のために既成の知識体系と方法を完全に習得する機会を準備すること。それには，一学級程度の集団学習で，各種のメディアを利用して学習すること。
(2) 次に，子どもが一人きりになって，個性的な考えや経験を引き出すための条件を整えること。
(3) さらに，仲間同士で自分たちの発見や考えを交換しあう機会を持つこと。
(4) そして，専門家との話し合いや相談をうけること。この場合の専門家は，地域の人的資源でもよいし，もちろん，司書教諭も含まれる。

　このような学習形態を実践するためには，これまでの学校図書館の施設・設備を変える必要がある。さらに，学校全体の校舎のあり方を変化させる必要もでてこよう。今日，教室の廊下側の壁のない学校が見られるのも，このような新しい学習方法に対応する試みの一つにほかならない。したがって，学校図書館でも，これまでの四角い部屋に，四方の壁に沿って書架を並べ，その中に6人掛け8人掛けの大きな机を配置した図書室から，多様な学習形態に対応した，

---

[1] Taylor, Kenneth I. *Creative Inquiry and Instructional Media.* School Library Media Quarterly, vol.2, 1972, p.18-62.

さらには多様なメディアが利用できる施設に整備する必要性がある。学校図書館の広さは、一学級以上が収容できる面積をもつことがまず求められる。そして独立学習、自主学習が可能なように、キャレル（一人用の机）を用意する。またグループ学習ができるような場所、できれば小部屋を用意してもよい。それから、現在、必備の設備は、電子メディアを利用できる設備とインターネットへのアクセスを可能にする情報コンセントの確保である。さらに、できれば子どもが必要なメディアを作成できるような設備、たとえば、模造紙、色鉛筆、はさみ、定規などの文房具や、カードや色紙などを整えておくことも、児童生徒の情報発信を支援する道具として必要である。2-2図はこれからの学校図書館の学校教育の中で果たす役割と開かれた図書館として、また生涯学習社会における関係を表したものである。

そして、従来の学校図書館から「生きる力」の育成を支援する学校図書館への変身に根本的な鍵を握るのは、司書教諭の働きにほかならない。司書教諭が、今日の教育改革の必要性を明確に認識して、教育改革の牽引者となることが重要である。あらゆる改革の基本は、その理念とこれを実行する人的資源にあることは、容易に歴史から学び取れることである。

このようになってはじめて、従来の学校図書館から、21世紀の教授・学習を支援する図書館へと発展し、真に児童生徒の学習と教師の行う学習指導を支援することができる。

6. 新しい学校図書館の役割

学習者（児童生徒）側から発想する教育関係を支援する学校図書館の役割には、次に三つがあげられる。

① 学習情報センター
② 読書センター
③ 教材センター

これらの役割は、前述した図書館の備える基本的機能を基本にした教育メデ

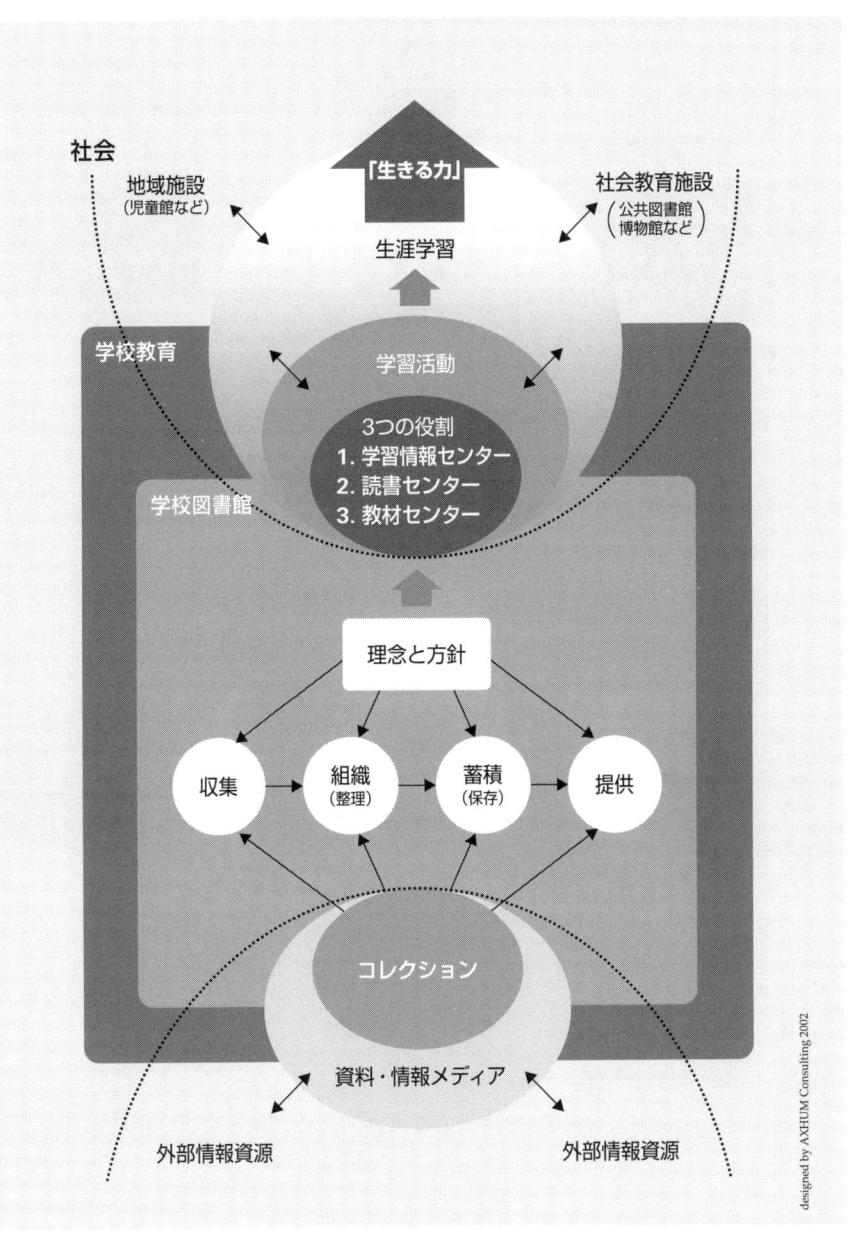

2-2図　21世紀モデル：生涯学習の基盤となる学校図書館

ィアの収集・整理・保存・提供と関連諸活動を果たすことによって，遂行される。以下，それぞれの役割を果たすための機能について考察してみよう。

（１） 学習情報センターの機能

(1) 児童に対して，教科に関連した児童生徒の学習要求に応えるメディアをはじめ，児童生徒が抱く疑問に応えられるメディアを，彼らの発達段階や個性，能力，興味・関心に即して幅広く収集し，使いやすいように整理し利用にできるようにする。

この場合，収集されるメディアは，教科学習や問題解決型の学習に役立つものだけではなく，豊かな人間性を育てる読書材も含んだ「人類の叡知の集積」と表現されるような質の高いコレクションを維持し，検索手段を整えて，身近に容易にアクセスできるよう整備しなければならない。

そして，ここでいうメディアには，もちろん，図書に代表される印刷メディアだけではなく，視聴覚メディア，模型，標本，実物など博物館的メディアや，児童生徒の作品，コンピュータソフトをはじめ，電子メディア，マルチメディア，インターネット上の情報源も含まれる。図書館で，これらの情報へ容易にアクセスできるように整備されていることが肝要である。

(2) メディアや情報を利用して，自主的・自立的に学ぶ能力・態度を育成する。

今日の学校図書館は，単に児童生徒や教師が学習や学習指導に必要とする情報とメディアを収集し整理して書架に並べて置いただけでは，学校教育の目標の一つである「生きる力」の育成に貢献することは難しい。児童生徒が自ら課題解決に必要な知識や情報を的確に入手し，これを分析して，理解していく基礎的な知識，技能，態度の育成を推進しなければならない。

それには，こうした情報活用能力の修得を，各教科をはじめ学校教育全体の中で実施されるように，学校図書館は計画を練る責任がある。すなわち，各教科内容を学習すると同時に，自主的・自立的学習を行う際に必要とされる知識・技能が学習できるように教科教師と協力して，情報と図書館について，情

報源の探し方・使い方について，情報のまとめ方・伝達の仕方などの基礎的知識と技能の学習を組み入れたが教科指導案が作成されるように，指導計画立案に積極的に参画していくことが望まれる。

また，児童生徒が図書館を利用した際に，自主的学習に必要とされる基礎的な知識・技能が，日常的に育成されるような工夫が肝要である。目録や索引の利用について，インターネット上での情報の検索やマナーについて，常に児童生徒の疑問に応え，彼らとの接触のすべての機会を捉えて自学自習能力が育成できるように指導することを心がけなければならい。

(2) 読書センターの機能

(1) 児童生徒の読書活動を励まし，豊かな教養と人格の形成を支援する。

人間は，その成長過程で，豊かな生活体験に裏づけられた知識・技術の修得が欠かせない。学校教育の中では，知識・技術の修得は教育課程に則って，児童生徒の発達段階に合わせた学習が教科書を中心に行われている。しかし，児童生徒は各人各様の興味・関心を持っており，これを育成していくことは，豊かな人間性育成に欠かせないことである。

児童生徒には機会のあるごとに，美しい正しい言葉で書かれた本を手にできるようにし，読書の奨励は，読書センターの役割を担う学校図書館として基本的なことである。

また，読書活動の奨励は，全教師が各教科の中で取り組んで，児童生徒に働きかけられるように，図書館が教師をバックアップすることも大切である。

(2) 児童生徒の読書興味・読書能力の育成。

読書センターの役割を担う学校図書館としては，児童生徒の読書能力の育成にも務めるとともに，読書興味や関心を引きだし，これを育成し，児童生徒が楽しく豊かな感動を体験する機会がもてるように創意工夫することが重要である。読書を通して，「今まで分からなかった人の気持ちが分かるようになる」あるいは「大きな共感を覚える」ことは，一人の人間にとって貴重な体験と言える。そして，この体験が新たな感動の機会を求めさせ，さらなる読書へ，あ

るいは知的好奇心を刺激し，学習への意欲も増進することになろう。

この際，肝要なことは，各人に感動を与える図書は，各人の成長の過程においてそれぞれ異なることを銘記しておくことである。良書，名著と言われるものがすべて，今，その児童生徒の最も心に触れ，感動を呼び起こす図書とは限らない。「適書を適者に適時に」というアメリカ図書館協会創立時にいわれたモットーは，今日にいたるまで生きた教訓である。

そして，これからの読書センターとしての役割の中には，「読む」という意味を広く捉えて「読む」ことに関わっていく必要がある。それは，「読む」ことのなかには，文字を主にした本を読むという捉え方から，広くコミュニケーションの手段として日常的に用いられている映像も音声も「読む」対象として捉えていくということである。そして，読むということは送り手による伝達内容（メッセージ）を正確に理解することにとどまらず，さらに進んで読み手が主体的，創造的に自己の中に新しい認識を構成していくことであって，主体的に解釈するということは，文字記号による場合にかぎらず，映像の場合でも同じように，受け身的な姿勢から能動的な姿勢へと児童生徒を導き，自己確立の一助となろう[1]。

図書館に児童生徒の発達段階や読書興味に適した豊富な読書材を整え，利用しやすいように整備し，お話，読み聞かせ，読書会，映画会，ブックトーク，図書リストの作成など，読書興味をいっそう広げ，読書意欲を高め，読書活動を活発にするさまざまな方法を講じることは，読書センターとしての役割をもつ図書館の重要な機能である。なお，読書センターとしての役割を果たすための諸活動について詳しくは，本シリーズ第4巻『読書と豊かな人間性』で扱っている。これを参照して欲しい。

（3） 教材センターの機能

(1) 教師に対しては，学習指導に必要な各種のメディアを収集し，整理し，

---

1) 今村秀夫「読書指導」古賀節子編著『学校図書館通論』樹村房　1990　p.111.

保存して，利用に供する。

学校図書館が教材センターとしての役割を果たすためには，学習指導に必要な各種メディアを収集し整理し保存して利用できるようにしておくことは当然のこととして，教師が学習指導計画をたてる際に参照できるような情報やメディアを整備し，外部のデータベースを含めた各種の情報源にもアクセスできるようにしておくことは，教師の教育活動を支援する図書館として果たさなければならない役割である。このような役割は，これまであまり言われてこなかったが，学習指導を行う教師の支援も児童生徒の学習支援と同様に重要な役割である。

教師が学習指導をする際に必要とする情報やメディアにはどのようなものが含まれるのか。学習指導には，次の四つのプロセスが考えられる。すなわち，①教育目標の設定，②指導計画の作成，③実施，④評価の四つのプロセスである。これらのプロセスで必要とされる情報やメディアを利用できるようにしておくことが肝要である。しかしながら，すべてのメディアを図書室に置くことはできない場合もあるだろう。そのような場合には，必要に応じて外部の情報源が利用できる手段を，たとえば相互貸借ができるような措置をとるなど，対策を講じておくことである。この際，インターネットによる外部データベースの利用は言うまでもない。

さらに，教師は教科学習上の情報やメディアだけを必要としているのではない。教師が必要とする情報やメディアには生活指導や進路指導など，教科以外の分野のものも含まれる。これらについても，関連参考資料や情報を気軽に利用できるようにしておくことも重要なことである。

(2) 教師の学習指導活動を支援する。

教材センターの役割は，単に学習指導に必要な情報・メディアを整備し利用できるようにしておくだけではなく，校内のあらゆる場面で行われる教師の学習指導活動を，情報やメディアの紹介，その解説，あるいは参考図書リストの作成などを通して教師の学習指導活動を積極的に支援することも含まれる。

これまでの学校図書館では，児童生徒への指導やサービスだけに視点をおい

ていたが，教師の学習指導活動を支援することは，児童生徒への学習支援と同様に，学校図書館が積極的に推進しなければならないの最も今日的な役割である。

　学習指導計画作成にあたって，既成の指導案や実践記録などを参照・紹介したり，外部教育情報関連データベースから情報を検索したりして，教師の学習指導準備のための調査・研究活動を支援する。さらには，新しい単元の学習に入る際に，児童生徒が興味・関心を広く明確に抱くことを目的に，参考資料紹介やブックトークを行うことは，司書教諭と教科教師とのティームティーチングの例として効果的な方法である。また，はさみ，模造紙，色鉛筆，定規などの文房具を整え，必要に応じて簡単な教材作成の支援がきるようにしておくことも，学習指導活動支援の一つの方法である。そして，今日求めれている教育方法の転換を支援するには，図書館からの教師への積極的な働きかけが非常に重要なことを忘れてはならない。

　また地域に開かれた学校運営を目指して，父兄や地域の人々が校内で活動する機会を設けている学校も見られるが，図書館でも教室でも司書教諭や担任や教科教師が協力して，学習指導に当たることは，開かれた教室や図書館への一歩となる。

第3章　制度としての学校図書館

1. 学校図書館法について

　学校図書館法は，昭和28(1953)年8月8日に公布（法律第185号）され，翌年(1954)年4月に施行された。わが国の教育は戦後，米国教育使節団報告書（第一次及び第二次）ならびに教育基本法や学校教育法に立脚して改革が行われた。昭和22(1947)年3月に教育基本法が公布されたが，同法は，日本国憲法の理念の実現は根本において教育の力にまつという考えに立つ[1]と同時に，のちに制定された学校図書館法の総則的な意味合いをもった法律[2]とされている。

　そのうち学校教育法は，学校を小学校，中学校，高等学校と定めている。学校図書館は，同法に基づいてそれらに設置された学校教育施設である。

　同法施行規則（昭和22年5月）の第1条には，「学校には，その学校の目的を実現するために必要な校地，校舎，校具，運動場，図書館又は図書室，保健室その他の設備を設けなければならない。」とある。わが国の学校教育にとって図書館が不可欠なものであることを，明治の学制施行以来初めて法制化した画期的なものであった。また学校図書館に関連して，学校図書館基準（昭和24年，学校図書館協議会採択）があり，同基準では，学校図書館の整備・充実を促進するために，その運営にかかわる事項を規定している。しかしながら，学校教育法施行規則や学校図書館基準では法的に解決されない問題が多く，立法化されない限り学校図書館の充実発展はありえないという確信から，学校図書館法の制定をのぞむ声が次第に高まりつつあった。

---

1)　山住正己『日本教育小史』岩波書店　1987　p.161.
2)　大場滋「2.教育行政と学校図書館」渡辺信一・天道佐津子共編『学校経営と学校図書館』放送大学教育振興会　2000　p.23-31.

先に述べた戦後の新しい教育改革の機運にあって,「児童・生徒の個性に即した自発的自主学習」(新教育指針) に取り組むなかで, 学校現場での熱意や父母の援助では学校図書館の充実には限界があり, 比較的恵まれた学校と貧しい学校での格差も広がりつつあった。それらを解決するため, すべての学校に学校図書館を設け, 運営にあたる専任職員の発令と公費支弁が不可欠であるという認識が生まれ, 学校図書館法の法制化のため, 全国学校図書館協議会 (略称:全国SLA) が中核となって100万人署名運動を展開した。その結果, 学校図書館法は昭和28(1953)年8月8日, 議員立法により制定されるにいたる。

　制定当時の同法は, 第1条に, 学校図書館が, 学校教育に欠くことのできない基礎的な設備であること, それにもとづいてその健全な発達を図り, もって学校教育の充実を目的とすることを明記している。また第2条では, 学校図書館の定義づけを行い, そのなかで学校の教育課程の展開に寄与すること, そして児童又は生徒の健全な教養を育成することをあげている。第4条では学校図書館の運営に関連して5項目をあげて学校図書館を児童又は生徒及び教員の利用に供することを述べるとともに, 学校図書館はその目的を達成するのに支障のない限度において, 一般公衆への利用を促している。

　以上は学校教育における図書館の位置および機能に関することであるが, 次に重要な事柄として第3条に, 学校には, 学校図書館を設けなければならないという設置義務を示したことである。このことは, 第1条の学校教育に欠くことのできない基礎的な設備, ということが基盤となっており, わが国の学校図書館の設置率が99%に達しており[1], それなりの活動を展開しているのは, この条文によるものである。その意味できわめて重要な条文である。第5条では司書教諭の配置を義務づけ, その資格要件, 資格取得方法 (講習) について定めている。さらに第6条及び第7条においては, 学校図書館の設置・充実に関する設置者及び国の任務を示し, 第13条から第15条では学校図書館に対する国の負担を明らかにしている。

---

1) 全国学校図書館協議会編『データに見る今日の学校図書館:学校図書館白書3』全国学校図書館協議会　1998　p.7.

第5条で,「学校には,学校図書館の専門的職務を掌らせるため,司書教諭を置かなければならない。」と規定したにもかかわらず,附則第2項（司書教諭の設置の特例）「学校には,当分の間,第5条第1項の規定にかかわらず,司書教諭を置かないことができる。」とされたことにより,わが国の学校図書館は専門職としての司書教諭がいない,いわば主なき館としての無力な存在が平成9(1997)年の改正まで続くことになった。

2. 学校図書館法改正について

　同法は,平成9(1997)年の改正までに,再度にわたって一部改正されている。第1回改正では,昭和33(1958)年5月6日法律136号で,第13条（国の負担）中「学校の」を「高等学校（盲学校,聾学校及び養護学校の高等部を含む。）の」に改められ,国庫負担制度は,昭和33年度から義務教育費国庫負担法による教材費に吸収改訂され,高等学校だけが国庫負担の対象となった。

　第2回改正では,昭和41(1966)年6月30日法律第98号で,学校図書館審議会に関する条文第8条～第12条を削除し,第13条中「審議会の議を経て」も削除された。同審議会は,昭和29年(1954)年9月に発足し,昭和31(1956)年7月に学校図書館振興の総合方策を答申した。しかしそれ以降,審議会は開かれず,審議会に関する条文そのものが削除された。

　平成9(1997)6月11日法律第76号の「学校図書館法の一部を改正する法律」で,以下の点が改正された。
(1) 司書教諭講習は,これまで文部大臣の委嘱を受けた大学で行うこととされていたが,第5条第3項中「大学」の下に「その他の教育機関」を加え,大学以外の教育機関も司書教諭の講習を行うことができるようにしたこと。
(2) 附則第2項中「当分の間」を「平成15年3月31日までの間（政令で定める規模以下の学校にあっては,当分の間）に改めたこと。つまり,司書教諭設置の猶予期間が平成15年3月31日までの間とされる学校を,学級の数が11以下の学校（11学級以下の学校）を除くすべての学校としたこと。

なお，この改正では，参議院本会議で次のような6項目にわたる「学校図書館法の一部を改正する法律案に対する附帯決議」を行っている。

1 　政府及び地方公共団体は，司書教諭の養成・発令を計画的に促進すること。なお，小規模校への設置についても検討すること。
2 　政府は，司書教諭講習について，社会の情報化などの進展に応じて，講習内容の現代化を図るとともに，教員免許状取得前の受講を可能にするなど受講資格を弾力化すること。
3 　政府は，学校図書館の利用の状況，学校図書館において司書教諭の果たす役割等を勘案し，司書教諭の教諭としての職務の在り方に関し，専任の司書教諭の在り方を含め，検討を行い，その結果に基づいて所要の措置を講ずること。
4 　政府及び地方公共団体は，司書教諭の設置及びその職務の検討に当たっては，いわゆる学校司書がその職を失う結果にならないよう配慮すること。
5 　政府及び地方公共団体は，学校週5日制の完全実施の時期を目途に，学校図書館の図書の充実を図るとともに，マルチメディア時代に向けた学習情報センターとしての機能の充実に努めること。
6 　政府は，学校図書館の充実強化に対する国民の期待に応えるよう，将来の学校図書館の総合的な政策について引き続き検討を行うこと。

さらに，「学校図書館法の一部を改正する法律等の施行について」の文部省初等中等教育局長の通知では，改正にあたっての留意事項として，次のことが記されている。

(1) 改正法の趣旨を踏まえ，今後は，司書教諭有資格者の養成・確保及びその発令をより一層計画的に推進するように努めること。
(2) 改正法令等では，11学級以下の学校においては当分の間司書教諭を置かないことができるとされているが，学校図書館における司書教諭の重要性に鑑み，これらの学校においても司書教諭の設置がなされるよう努めることが望まれること。
(3) 司書教諭がその職責を十分に果たせるように，校内における教職員の協力体制の確立に努めること。その際，各学校の実情に応じ，校務分掌上の工夫を行い，司書教諭の担当授業時間数の減免を行うことは，従来と同様，可能であること。
(4) 司書教諭講習を実施する教育機関としては，例えば，各都道府県及び市町村の教育センター等が考えられること。
(5) 学校図書館担当の事務職員は，図書館サービスの提供及び学校図書館の庶務・会計等の職務に従事しているものであり，その役割は，司書教諭の役割とは別個

のものであることに留意すること。
(6) マルチメディア時代に対応した学校図書館のより一層の充実と利用の促進を図るため，図書館資料や視聴覚機器，情報機器の整備に努めるとともに，公共図書館との連携や地域のボランティアの活用等による開かれた学校図書館づくりを推進するよう努めること。

このように，附帯決議にも通知にも，学校図書館が今後目指す方向が明確に打ち出されている。そして，前述の留意事項(2)について述べるならば，11学級以下の場合，「置かないことができる」とあるが，これはいわゆる"できる規定"であるので，地方公共団体の判断で行政的な措置，つまり司書教諭の任命を行うことは可能である。したがって，学校図書館整備の一環として教育行政の展開に即して学校側から任命促進をはじめとする各種の働きかけが，今後必要になってくる。

ところで，平成9(1997)年の学校図書館法改正に伴って，さらに，次々と関連法規の改正が行われ，現行の学校図書館法は，昭和28(1953)年施行当時の形とは大きく異なっている。以下に，その経過を整理しておく。

初めに同法の平成9年の改正と同日に，学校図書館法附則第2項の規程に基づき，「学校図書館法附則第2項の学校の規模を定める政令」（政令189号）が公布・施行された。司書教諭講習規程の第5条，第7条も「大学」の下に「その他の教育機関」が加えられた。

平成10(1998)年6月には，「学校教育法」が改正され，これに伴って，学校図書館法の第2条（定義）の中学校（盲学校，聾学校，養護学校の中学部を含む。）の盲学校の上に「中等教育学校の前期課程並びに」が，高等学校（盲学校，聾学校，養護学校の中学部を含む。）の盲学校の前に「中等教育学校の後期課程並びに」が加えられた。

平成13(2001)年3月30日，「地方交付税法等の一部を改正する法律」（法律第9号）が公布され，同法において地方財政法の一部改正が行われ，国が行う必要な経費負担に掲げられていた第10条25号の「学校図書館の設備及び図書充実に要する経費」が削除された。そして「地方交付税法等の一部を改正する法律」

の附則第12条において学校図書館法の一部が改正され，同日施行された。

したがって，学校図書館法の改正箇所は，①目次の削除，②「第1章総則」の削除，③「第2章」の削除，④「第3章」の削除と4箇所で，昭和33(1958)年の改正で高等学校にのみ残っていた「学校図書館の設備，図書の基準達成に要する国の負担」を定めた条文が削除された。また，同日「地方交付税法等の一部を改正する法律」の施行によって，学校図書館法第3章第13条に規定されていた基準である「学校図書館法施行令を廃止する政令」（政令第148号）も公布・施行された。これを受けて，平成13(2001)年4月26日，施行令廃止による「学校図書館法施行規則を廃止する省令」（文部科学省令第67号）が公布・施行され，現行の法律になった。

3. 司書教諭の資格，養成，そして研修

司書教諭は，学校図書館法第5条に「学校図書館の専門的職務を掌る」や「教諭をもって充てる。」「司書教諭の講習を修了したものでなければならない。」と規定されている。

この場合，"専門的職務"のほか，"教員免許状を有すること"と"司書教諭に要する所定の科目／単位を修得すること"の二つの要件が求められる。

前者はいうまでもなく，教育職員の資質の保持と向上を図ることを目的とした「教育職員免許法」に基づくものであり，後者は「学校図書館司書教諭講習規定」に基づく。学校図書館法第5条2項に「司書教諭は，教諭をもって充てる。この場合において，当該教諭は，司書教諭の講習を修了した者でなければならない。」とある。同講習規程は，昭和29年(1954)8月公布されたが，そのときの必修科目／単位数は，7科目8単位であった。平成9(1997)年6月の学校図書館法の一部を改正する法律の制定を受けて，平成10(1998)年3月に講習規程は改正され，新カリキュラムへの移行は平成11(1999)年4月1日から実施された。同講習規程の改正は，「学校図書館の充実等に関する調査研究協力者会議」報告（平成10年2月28日）の趣旨を踏まえ，司書教諭講習の科目内容等

を改善することによって，学校図書館運営の中心となる司書教諭の資質向上を図り，もって学校教育の一層の充実に資することを目的としたものであった。
(「学校図書館司書教諭講習規定の一部を改正する省令について（通知）」文部省初等中等教育局長　平成10年3月18日）

　その変更点は，①これまでの教諭の普通免許状を有する者に加えて，大学に2年以上在学する学生で62単位以上を修得した者も講習を受講できるようにしたこと。ただし講習修了証書の効力は，その者が学校の教諭の免許状を取得した時点から生じるものであることとなっている。②司書教諭講習の科目内容等を改め，「学校経営と学校図書館」「学校図書館メディアの構成」「学習指導と学校図書館」「読書と豊かな人間性」「情報メディアの活用」（各2単位）計5科目10単位としたこと（ねらいと内容については巻末資料6参照）。③これまでしばしば，論議の的であった実務経験による単位軽減措置については，平成11(1999)年4月1日から平成15(2003)年3月31日までの経過措置期間を置いたうえで廃止することとしたこと，などである。

　ところで先に述べた，学校図書館法第5条にいう「専門的職務を掌らせるため」置かれなければならない司書教諭，という表現は，はたして専門職として認知されたものであろうか。専門職は，一般的に学問や科学のある部門の理論的な構造の理解やその理解に伴った能力を根拠とし，社会の発展に寄与する職業と考えられている[1]。

　学問や科学の理論的根拠を同時に有し，かつ社会の発展に奉仕する職業であり得ても，しばしば長期に及ぶ専門教育やその職業に従事するに際して高度で厳格な資格認定が求められる。その場合，専門養成教育を施す機関を厳しく審査する場合と養成機関で所定の単位を修めた個人を国家試験などで資格認定する場合とがある。アメリカの場合は前者の方法を取っており，アメリカ図書館協会により認定校としての厳格な資格審査が行われる。そして，原則としてこの認定校（大学院レベル）を修了した者が，専門職として社会的に認められる。

---

1)　室伏武「13．学校図書館の職員：学校図書館員の専門性」『学校図書館事典』第一法規　1968　p.347.

1975年のアメリカの学校図書館基準によると専門職としての学校図書館職員（メディアスペシャリスト，わが国では，ある意味で司書教諭）を「教育およびメディアについて，専門職員として幅広い教育を受け，適切な資格を持ち，メディアプログラム（注：つまり学校図書館活動計画）を作成し，これを実行できる能力を備え」同時に「図書館情報学，教育コミュニケーション及び教育工学，カリキュラムなどにわたる分野でメディアに関する修士号を持つ者」としている[1]。実際には学校教員の免許状取得を前提にしたうえで，大学院での共通必修5科目に加え，児童・青少年の読書／メディア資料，児童・青少年への図書館論など2科目以上，情報検索論など情報関連科目，教育技術関連科目より2科目以上，他に3科目，学校図書館での実習を課すなど，近年，さらに資格要件が高くなる傾向にある[2]。

　わが国における養成の現状からみて，司書教諭を厳密な意味で専門職と断定することは容易ではない[3]。しかしながら，専門的職員の重要性を世間一般の人々にも認識させ，社会的評価を得るためにも専門職への志向とその実現への努力は続けられなければならない。

　したがって，専門性を高めるうえで養成の段階での資質の向上が望まれる。しかし，同時に，現職者に対する研修についても大方の理解と努力が必要である。図書館職員が専門性を保つには，館種のいかんを問わず，①社会情勢の移り変わりに応じて，また学問の進歩発展に応じて，変化し多様化する利用者（学校図書館では，児童または生徒および教員）の潜在要求をも察知し，②時々刻々と増え続ける多種多様な資料を知り，③それらの資料と利用者の要求とを結びつけなければならない。また，過去の図書館の蓄積の上に立って，業務

---

1) アメリカ・スクール・ライブラリアン協会，教育コミュニケーション工学協会共編，全国学校図書館協議会海外資料委員会訳『メディア・プログラム：アメリカの学校図書館基準』全国学校図書館協議会　1977　p.42.
2) 渡辺信一「アメリカの学校図書館：2. 学校図書館員」『マルチメディア化が進む学校図書館』全国学校図書館協議会　1996　p.41.
3) 司書を準専門職とする見方もある。大城善盛「『専門職』に関する一考察」『図書館界』31巻3号（1979.9）　p.236-242ほか，〈専門職化研究シリーズ〉を参照。

の基本的な考え方を一層発展させ,適切な新しい知識や技術を,常に修得する必要がある。それを可能にするには,不断の研修が必要(「図書館員の倫理綱領」第6 日本図書館協会 1980)である。ここに自主的に学ぶ自己研修の必要性とともに,職能団体に加入して積極的に研修の機会を持つように心がけることによって専門性の向上が推進され,社会的評価が高まる。また,勤務する公的な機関の研修の場合も個人の熱心な研修への意欲が基盤となる。

4. 司書教諭の任務と役割

　司書教諭が専門的な任務と役割を果たすうえで,①教師として,②情報メディアの専門家として,③教育課程の立案・展開の支援者ないしはコンサルタントとして,以上,一人三役の責任が求められる。これは1988年のアメリカの学校図書館メディア・プログラムのガイドライン(略称:1988年ガイドライン)に明らかにされたものである。以下,このガイドラインにふれながら述べてみる[1]。

　司書教諭の任務と役割について考える場合,司書教諭と図書館事務職員(学校司書)がそれぞれ複数,設置されているならば問題ないであろうが,現実に一人三役ということになると難しい問題でもある。これらは三者三様,別個のものである一方,重なり合った部分もある。学校図書館メディアや情報サービスに対する児童または生徒および教師のニーズに合わせるところから,三つの役割のどれに重点を置くかということになると,個々の学校の教育方針や目的,所蔵するメディアの種類や量などによっておのずと判断／決定がなされることになる。いずれにせよ,1998年のアメリカ学校図書館ガイドライン『インフォメーション・パワー』に強調されているように,学習のためのパートナーシップ構築のためには,協調,リーダーシップ,テクノロジーが必要となる[2]。

---

1) アメリカ・スクール・ライブラリアン協会,教育コミュニケーション工学協会共編,全国学校図書館協議会海外資料委員会訳『インフォメーション・パワー:学校図書館メディア・プログラムのガイドライン』全国学校図書館協議会 1989 p.49-66.

(1) 教師として

　司書教諭は,教諭という名称にあるように,まず"教師として"の役割と責任が求められるのは,当然のことである。教諭の本務は児童生徒の教育を掌ることにある。では,具体的にはどのような事柄に及ぶものであろうか。

　まず,児童生徒に対してメディア活用能力が身につくように指導する責任がある。そのためには単なるオリエンテーションとしてではなく,カリキュラムに組み入れられた授業の中でメディア活用能力の育成が図られなければならない。その場合,児童生徒に多様なメディアに関する知識と活用スキルの習熟だけではなく,積極的に自ら学ぶ自己教育力を身につけさせなければならない。

　つまり,児童生徒が情報・知識の利用や伝達に対して積極的に取り組む態度を身につけるようにする。1988年ガイドラインでは重要なコンセプトとして,①教育手段としての批判的思考の重要性についての理解,②批判的な読書・視聴の技術と豊かな生活との関連性についての認識,③生涯にわたる学習の重要性についての理解,④情報入手と楽しみのための各種メディアの利用から得られる喜びと達成感についての認識,⑤民主的社会における適切で利用しやすい情報源の重要性についての理解,⑥著作権,プライバシー,その他アクセスを促進する法律についての理解と尊重の念,⑦学校図書館,公共図書館およびその他の情報提供機関の役割についての理解などをあげている。

　また,司書教諭は教師として,日常業務のなかで同僚の教師に対しても専門的な立場から,情報へのアクセス,評価,伝達およびメディアの制作に関する指導や情報に関する新しい法令や政策についての学習の機会を提供する努力も求められる。

　必要な場合,司書教諭は外部の特定の分野の専門家から援助を仰ぐこともある。一方,親を指導することによって,親たちが自分の子どもと一緒になって

　前頁2)　アメリカ・スクール・ライブラリアン協会,教育コミュニケーション工学協会共編,渡辺信一監訳,同志社大学学校図書館学研究会訳『インフォメーション・パワー:学習のためのパートナーシップの構築』同志社大学　2000　p.51-64.

本を読んだり，各種の情報メディアを視聴したりする経験をもつことができる。わが国においても学校開放の一環として，親に対する働きかけの場として学校図書館が生かされる事例がみられる。

なお，1988年ガイドラインにおいて，教師としての役割と責任を遂行するための指針として，①情報カリキュラムは，学校のカリキュラムの内容・目標に欠くことができないものとして教えられる，②情報カリキュラムには，情報へのアクセス，その評価と伝達，及びメディアの制作についての指導が含まれる，③一般の教員と協力して情報にアクセスし，それを利用し，また伝達するスキルの指導を立案し，実施し，そして評価する，④外部にある情報にアクセスするための工学技術の利用について援助が行われる，⑤教員及びその他の成人に対し，新しい工学技術，種々のメディアの利用と制作，及び情報に関する法令・政策について学習する機会が与えられる，⑥さまざまな利用者の集団に適した多様な教授法を用いて，最新のメディアや工学技術のデモンストレーションを行う，以上があげられている。

（2） 情報メディアの専門家として

次に情報メディアの専門家としての司書教諭であるが，21世紀に入ってこれまで以上に，情報を入手し，評価し，利用する能力が個人の成功を大きく左右すると考えられるようになってきたことから，その役割はきわめて重要である。また，学校図書館での情報の探索，評価，活用する能力が児童生徒および教員に求められるところから，これを援助する立場としての役割が求められる。その場合まず，司書教諭は利用者である児童生徒および教員からの多様な資料・情報要求に対応できるよう，情報メディアの専門家として，新たに受け入れた図書や雑誌などの印刷メディア，その他の非印刷メディアなど，多様な資料や情報源に精通しておく必要がある。

所蔵されているコレクションそのものが児童生徒および教員の情報メディア要求に応えられるものでなければならないが，単一の学校図書館が所蔵するコレクションには限界があり，他の学校図書館や公共図書館とのネットワーク，

資料の相互貸借，インターネットの利用を通して，他の情報源にアクセスできるようにしなければならない。

また，情報検索への援助として，司書教諭自身がレファレンスツールを利用して検索すること，データベースを用いてオンライン検索を行うこと，各種の形態による情報源にアクセスするための機器を操作できること，児童生徒および教員に対してあらゆるメディアや機器の利用法や新しいテクノロジーを教えることも求められる。

大事なことは，情報メディアの専門家として司書教諭は，プライバシーの保護や利用に際しての児童生徒の権利が守られるように配慮するとともに，相互貸借に関する制限や手数料，オンラインデータベースの経費負担などによって，資料や情報への利用者のアクセスが妨げられることがないよう，留意しなければならない。始業時から放課後の閉館時間にいたる少なくとも一定の時間帯は確保されるべきものである。

同じく，1988年ガイドラインにおいて，情報の専門家としての役割と責任を遂行するための指針として，①学校の中に組織的に構築されたコレクションを通して，また学校外の情報源へのアクセスを通して，児童生徒や教員がこれを利用できるようにする，②学校図書館のコレクションへのアクセスは，拡大し続けるコンピュータの探索能力を活用した，正確で効率的な探索システムによって行われる，③児童生徒は学校図書館の内外に所蔵されている情報を識別し，探し当て，判断するための手助けを受ける，④児童生徒および教員は，学校が開かれている間はいつも学校図書館および司書教諭から情報が得られる，またクラス単位で学校図書館にアクセスする場合には，弾力性のある予定計画が立てられるようにする，⑤手数料や貸出しの制限，オンライン検索の経費などで情報へのアクセスが妨げられないようにする，⑥児童・生徒および教員，そして親は，それぞれの情報ニーズに見合った新しい資料や機器およびサービスが得られるものとする，⑦遠隔地にいる児童生徒にも情報へのアクセスが保証されることをあげている。

養成課程科目の中に今回，「情報メディアの活用」が含まれたことから，司

書教諭は，今後，さまざまなかたちで，教科「情報」担当の教師との協働作業も予想される。平成15(2003)年度から高等学校で「情報」が必修科目の一つに加えられるが，従来の「情報」とは別に，普通科で開講される。情報Ａ，情報Ｂ，情報Ｃの三つの科目が設定され，いずれかの科目２単位を教えることになっている。あくまでも司書教諭は情報・メディアの専門家であり，そのような司書教諭としてのアイデンティティを確立することが，大切である。

（3） 教育課程の立案・展開のコンサルタントとして

　司書教諭は，一般の教師が児童生徒の知的な発達のうえで必要とされる広い範囲にまたがる情報源や教育方法を取り上げる際に学習指導やカリキュラムの立案・展開を行う際の支援者ないしはコンサルタントとなることが求められる。具体的には，カリキュラムや教授法の計画や評価，新しい開発が含まれる。また，教室で授業を行う際，情報・メディア活用能力の適用についての援助と同時に，司書教諭は一般の教師に対する指導や協力を行うなかで，情報・教授技術の調査，評価および実施に際して，リーダーシップを発揮することがのぞまれる。

　また，大きく変革していく現代社会にあって，児童生徒は，合理的かつ創造的に考え，問題を解決し，情報を処理・探索し，そして効果的なコミュニケーションを行う方法を身につけなければならない。そのためには，司書教諭は，児童や生徒が21世紀にその役割を効果的に果たすうえで必要とされる技能・知識，および態度を身につけるよう，援助しなければならない[1]。

　また，司書教諭は学習指導にあたって，資料や情報提供に際して知的自由が保障されるように努力しなければならない。たとえば不当な検閲により，子どもたちの情報や資料へのアクセスが阻害されてはならない。このことは，情報テクノロジーの利用が頻繁に行われることにより，利用者データの管理やプライバシーの侵害がさらに進む恐れがあるからである。また司書教諭は，学習指

---

1)　1988年ガイドライン　p.22.

導のコンサルタントとして著作権をもつ資料が合法的かつ倫理にかなった利用が順守されるよう，配慮しなければならない立場にもある。

1988年ガイドラインの指針には，司書教諭は，①学校，学校区，学科および学年の各レベルでのカリキュラムの開発・評価プロジェクトにいつも参加する，②教員に対して，情報源の利用，教授資料の収集と評価，および教室のカリキュラムへの情報スキルの適用について手助けする，③系統的な教授法開発のプロセスを用いて，一般の教員と協力して教授活動の改善を行う，④情報・教授工学の技術を調査，評価，および実施する際にリーダーシップを発揮する，とある。

わが国における学校教育現場では，児童生徒みずからが課題を見つけて考え，解決する能力を育成するために，平成14(2002)年4月から実施される新学習指導要領にうたわれている「総合的な学習の時間」が設けられる。その場合，当然，図書館での多様な資料や情報の要求への対応が必要であり，司書教諭は，教師として，情報メディアの専門家として，さらに学習指導のコンサルタントとしての能力と資質が求められるところである。

以上に述べた三つの役割に関連して，全国学校図書館協議会では，概略，次のような説明を行っている[1]。

「教員として」 司書教諭は，まず教員であり，その本務は「児童生徒の教育を司る」こと。教員としての司書教諭は，子どもたちが自ら学ぶ方法を指導したり，充実した読書生活を送れるように教育活動を行う。また，資料・情報のカウンセラーとして授業方法の改善を提起したり，子どもへの個別指導を行う。さらに，自校の学校図書館利用指導（学び方の指導）の計画や読書指導の計画を作成し，他の教員と協力しながら実施する。

「資料・メディアの専門家として」 司書教諭は，資料・メディアの専門家である。子どもたちや教員が必要とする資料・情報を最大限提供できるよう，学校図書館を整備し，情報源を確保する。また，資料・情報源についての相談

---

1) 全国学校図書館協議会配布資料「司書教諭は，こんな仕事をしています」1997.

に応じ，専門的な助言を行い，メディア活用教育を推進する。学校図書館経営の責任者として資料の収集方針や評価基準の策定，検索システムの整備・改善，予算の確保なども司書教諭の大事な任務である。

「教育課程の立案・展開の支援者として」司書教諭は，教育課程の立案に参画し，教員に対して資料・メディアに関するさまざまな情報を提供するとともに，教育課程の展開において図書館や資料・メディアを系統的に利用した学習指導を取り入れるよう教員に働きかける。時には，教科教員とティームティーチングを行い，教科指導を支援する。

「司書教諭は，学習センターを整備し，調べ学習，総合学習を推進する。」これからの学校図書館は，学習センターとしての機能をもち，毎日の授業や子どもたちの学習に役立つことが期待される。司書教諭は，学習センターとしての学校図書館を充実させ，学校の教育計画に参画して，調べ学習，総合学習など，子ども主体の教育に学校図書館を役立てるよう積極的に働きかける。

「司書教諭は，多様な資料やメディアを収集・提供し，自ら学ぶ子を支援する。」これからの学校図書館は図書だけでは不十分で，情報センターとして，図書をはじめ，ビデオ，CD，CD-ROM，インターネットなどさまざまな資料・情報を収集・提供することが期待されている。司書教諭は，積極的に資料やメディアを収集・提供し，組織化し，利用法を指導し，自ら学ぶ子や教員の学習指導を支援する。

「司書教諭は，読書活動を活発にし，心の教育を推進する。」近年，読書しない子どもが増え，思考力や想像力の低下が指摘されている。しかし，読書したくても勉強や塾で時間がない，読みたい本がない，何を読めばよいか分からない，など子どもの読書環境に問題があるとされている。司書教諭は，読書センターとしての学校図書館の機能を一層充実させるとともに，学校における読書教育を組織し，推進する。子どもたちの読書の相談にのったり，発達段階に応じた適書を手渡したり，他の教員と協力して子どもたちの読書活動を活発にすることによって心の教育を推進する。

以上，多少とも領域別に司書教諭像について述べたが，包括的かつ絶対的に

把らえることは，時代の流れや社会的背景にも影響されることが少なくなく，必ずしも容易ではない。たとえば，学校図書館に所蔵されるべきメディアについても，ある時点では"paperless information society"の到来が強調され[1]，一時は，印刷メディアの時代が過ぎ去ったかのごとくにいわれ，インターネットの時代一色であったなかで，印刷メディアと電子メディアの共存が叫ばれたり[2]，読書科教育における"balanced literacy"が強調されたりしている。

そのようななかで，福永義臣は，「21世紀を展望した我が国の教育の在り方」（平成8年6月中央教育審議会）にある，"教育は時代を超えて変わらない価値のあるもの（不易）を身につけるとともに，社会の変化に無関心であってはならない。時代の変化とともに変えていく必要のあるもの（流行）に柔軟に対応していく"を引用したうえで，学校図書館における「流行」は情報や情報化であり，「不易」は知識すなわち読書と位置づける。司書教諭は，学校図書館についての知識，技能，態度を身につけ，かつ責任を自覚し，スクール・ライブラリアンシップが旺盛であると同時に，絶えず「教育とは何か」を問いかけ，あらゆる方策を講じて，教育の可能性に挑戦する教師であり，学校図書館の行く手に一つの明かりを掲げ，つよいエネルギーと不撓不屈の精神で，知識と読書の推進に捧げる教師であると論じている[3]。

なお，司書教諭は設置されるものの，制度的にいくつかの課題が残されているが，とりわけ，司書教諭の専任化，司書教諭の担当時間数の問題，小規模校への配置などは重要な項目である。

---

1) ランカスター，F.W.著，田屋裕之訳『紙からエレクトロニクスへ』日外アソシエーツ 1987 249p.
2) ゴーマン，M.著，渡辺信一訳「21世紀における図書館およびライブラリアンシップはどう変容するか」『図書館界』48巻6号（1997.3） p.487-490.
3) 福永義臣「情報化への警鐘と司書教諭の理念」『司書教諭の任務と職務』全国学校図書館協議会 1997 p.90-95.

5. 学校図書館事務職員（学校司書）

　一般に学校図書館職員という場合，司書教諭と学校司書を指すのに対し，学校図書館事務職員という場合，学校司書を指す。ただし，法制上，「学校司書」という職名はない。

　昭和28(1953)年8月の学校図書館法制定の頃は，もとより，平成9(1997)年6月の法一部改正の時も含めて，絶えず学校司書の法制化が声高に叫ばれたにもかかわらず，いまだに実現していない。ひとつには，司書教諭との違いがわかりにくいことが原因となって，地方自治体での財政逼迫の折から，同じような職種の者を同一職場に複数配置は不要とする行政側の思惑がある。また，一般的に学校司書の定義や役割についての説明が必ずしも明快ではない。さらに，司書教諭と学校司書は固有の領域とは別個に，共有の領域が存在していることも部外にわかりにくくしている。

　その点，専門職としてのメディアスペシャリストと補助職員としてのメディアテクニシャンやメディアエイドを配置しているアメリカとは状況が異なる。アメリカとは状況が異なる理由のひとつとして，わが国においては，これまで司書教諭不在の状況が続いて来たことが大きな原因となっている。つまり本来，司書教諭がなすべき分掌のかなりの部分を学校司書が担当してきた。さらにまた，両者の学歴や資格の面では，今日さほど大きな差異がなくなってきている。すなわち，司書教諭が教員の普通免許状と司書教諭の資格を有し，仮に4年制大学または大学院を修了しているとしても，学校司書も司書資格だけではなく，教員と同じような学歴と資格をもつ時代へと進みつつある。

　資格に言及するならば，司書に求められる司書資格は現在，図書館法施行規則第4条（平成8年8月改正）により，必修科目12科目18単位および選択科目2科目2単位，合計14科目20単位を修得しなければならないことになっている。単純な比較ではあるが，司書教諭資格の2倍の単位数の修得が求められている。つまり，このように図書館に関する科目を履修した事務職員（学校司書）の助

けなくして司書教諭は十分な役割を果たすことはできない。つまり，両者は車の両輪のごとく協働することによってはじめて学校図書館の目的に添った十分な活動が可能となるのである。

　平成9(1997)年5月8日の参議院文教委員会で，当時の文部省（初等中等教育局長）は，（司書教諭の仕事が）学校図書館を活用して教育指導全体のレベルアップを図る，つまり教育活動という面での中核的役割を担う，それに対して学校司書は図書館の円滑な管理運営という点で大変重たい役割を果たしている，司書教諭と学校司書は別個のものであるという認識を示している。

　また学校司書の役割については，先述の「学校図書館法の一部を改正する法律等の施行について（通知）」の中で，「図書館サービスの提供および学校図書館の庶務・会計等の職務に従事しているものであり，その役割は，司書教諭の役割とは別個のものであることに留意すること。」と説明している。ここでいう，「司書教諭の役割とは別個のものである」についても，さまざまな状況を考えると解釈の仕方は必ずしも一様ではないであろう。「図書館サービス」それ自体に，"technical service" もあれば，"reader's service" もある。しばしば，学校司書の役割については，前者を強調するきらいがあるが，児童生徒および教員に対する資料提供や情報検索に対する援助サービスが含まれるものであり，学校司書が後者に果たす役割を十分認識する必要がある。これは，学校図書館法第2条に規定する「学校の教育課程の展開に寄与するとともに，児童又は生徒の健全な教養を育成する」学校図書館の目的に直接かかわるものであり，司書教諭との協働関係が強く求められていることを意味する。すなわち学校司書は，司書教諭とパートナーシップを構築しつつ，学校図書館に不可欠な専任職員として，まさに重要な役割を果たしているというべきであろう[1]。

---

1)　渡辺重夫『司書教諭という仕事』青弓社　1999　p.153-159.

第4章 教育課程と学校図書館

1. 学習指導要領と教育課程

　そもそも教育はきわめて目的志向の強い営みであり，とりわけ学校という教育機関の特性は，計画的・組織的な点にある。たとえば，小学校以来の学校生活を振り返ってみると，学校には校舎や教室があり，さまざまな教科を担当する教師がいた。日々，時間割に従って授業が行われており，通常の場合教材として教科書が使用されていた。限られた修学年数の間に，できるだけ多くの教育成果を生み出すために，学校教育の目的，内容をはじめ教育方法，評価にいたるまでさまざまな教育法規により，こと細かく規定されている。

　学校教育の内容については，たとえば小学校に関しては学校教育法第20条（教科）の規定より，「小学校の教科に関する事項は，（中略）文部科学大臣が，これを定める。」とある。この規定を受けて学校教育法施行規則第24条（教育課程の編成）によって，小学校における教育課程編成の根幹が示される。すなわち「小学校の教育課程は，国語，社会，算数，理科，生活，音楽，図画工作，家庭及び体育の各教科，道徳，特別活動並びに総合的な学習の時間によって編成するものとする。」とされ，具体的な教科目名が定められている。

　さらに学校教育法施行規則第25条（教育課程の基準）では，「小学校の教育課程については，この節に定めるもののほか，教育課程の基準として文部科学大臣が別に公示する小学校学習指導要領によるもの」とされ，学習指導要領が教育課程の基準として位置づけられている。中学校，高等学校についても学校教育法及び学校教育法施行規則によって同様に規定されている。小・中学校の学習指導要領は，総則，各教科，道徳，特別活動の4章で，高等学校では，総則，各教科，特別活動という3章で構成されている。なお，学習指導要領は中

学校,高等学校,幼稚園の各学校ごとに公示されている。
　また,学校教育法施行規則第24条の2別表第1により,各教科の授業時数,道徳,特別活動,総合的な学習の時間の授業時数,さらに総授業時数が学年別に示されている。授業時数の1単位時間は,小学校45分,中学高校は50分とされている（巻末資料7・8参照）。
　学習指導要領は,教育内容計画の全国的な基準である。昭和33(1958)年の全面改訂以後,学習指導要領の規定は法的拘束力を持つようになった。個々の学校の教育計画は,学習指導要領を「基準」として作成される。したがって,日本全国どこでも同じ教育内容が展開されることとなる。さらに,学習指導要領に「準拠」した教科書の検定と採択とが,学校教育の内容の全国的な均一化を促進させてきた。その結果,どこに住んでいても均一な教育を受けることができるので,教育の機会均等という理念の実現に寄与していると考えられる。
　学習指導要領における学校図書館に関する記述は,昭和26(1951)年改訂の学習指導要領から今日まで一貫して認められる。時代により学校図書館の意義や重みづけは異なっていたとしても,学習指導要領の中に学校図書館が明確に位置づけられていること,私たちは,それをまず第一に心に銘記しなければならない。
　これまでの学習指導要領における学校図書館の記述について概観しよう。

　　　〔昭和26年改訂〕小学校
　　　　「児童の種々な委員会」
　　　　　　学校図書館の運営
　　　　　　図書の貸出しや整理
　　　　「国語科」
　　　　　　健康的な 読書の習慣 が身につき, 学級文庫や学校図書館の利用がじょうずになる。
　　　〔昭和33年改訂〕
　　　　《総則》
　　　　　2. 各教科,道徳,特別教育活動および学校行事等の指導を能率的,効果的にするためには,下記の事項について留意する必要がある。
　　　　　　(6) 教科書その他の教材,教具などについて常に研究し,その活用に努める

こと。また，学校図書館の資料や視聴覚教材等については，これを精選して活用するようにすること。
〔昭和43年改訂〕
《総則》運用上「配慮する」必要のある項目
　　(3) 教科書その他の教材・教具を活用し，学校図書館を計画的に利用すること。なお，学校の実態に即して，視聴覚資料を適切に精選し，活用して，指導の効果を高めること。
〔昭和52年改訂〕
《総則》
「視聴覚教材などの教材・教具や学校図書館を計画的に利用すること」
《学級指導》
　　（小学校）学校給食の指導，学校図書館の利用の指導
　　（中学校）(2) 学業生活の充実に関すること
　　　　　　　　　学校図書館の利用の方法などを取り上げること
〔平成元年改訂〕
《総則》第6　指導計画の作成等に当たって配慮すべき事項
　　(9) 視聴覚教材や教育機器などの教材・教具の適切な活用を図るとともに，学校図書館を計画的に利用しその機能の活用に努めること

平成10（1998）年に全面改訂された現行の学習指導要領では，「生きる力の育成」が学習指導要領の理念とされ，次のようなねらいが示された。

① 豊かな人間性や社会性，国際社会に生きる日本人としての自覚を育成する。
② 自ら学び，自ら考える力を育成する。
③ ゆとりある教育活動を展開する中で，基礎・基本の確実な定着を図り，個性を生かす教育を充実する。
④ 各学校が創意工夫を生かし特色ある教育，特色ある学校づくりを進める。

現行の学習指導要領において学校図書館がどのように取り扱われているか，学校段階別に記述を整理すると次のとおりである。

〈小学校指導要領〉
　総則
　　第3　総合的な学習の時間の取扱い
　　　5　総合的な学習の時間の学習活動を行うに当たっては，次の事項に配慮するものとする。

(1) 自然体験やボランティア活動などの社会体験，観察・実験，見学や調査，発表や討論，ものづくりや生産活動など体験的な学習，問題解決的な学習を積極的に取り入れること。

第5 指導計画の作成等に当たって配慮すべき事項

2(8) 各教科等の指導に当たっては，児童がコンピュータや情報通信ネットワークなどの情報手段に慣れ親しみ，適切に活用する学習活動を充実するとともに，視聴覚教材や教育機器などの教材・教具の適切な活用を図ること。

(9) <u>学校図書館を計画的に利用しその機能の活用を図り，児童の主体的，意識的な学習活動や読書活動を充実すること。</u>

また，各教科の中での取り扱いについては，次のように規定されている。

国語

第3 指導計画の作成と各学年にわたる内容の取扱い

1(3) <u>第2の各学年の内容の「A話すこと・聞くこと」，「B書くこと」及び「C読むこと」の言語活動の指導に当たっては，学校図書館などを計画的に利用しその機能の活用を図るようにすること。</u>

(6) 第2の各学年の内容の「C読むこと」の指導については，<u>読書意欲を高め，日常生活において読書活動を活発に行うことを促すようにするとともに，他の教科における読書の指導や学校図書館における指導との関りを考えて行うこと。</u>なお，児童の読む図書については，人間形成のため幅広く偏りがないように配慮して選定すること。

社会

第3 指導計画の作成と各学年にわたる内容の取扱い

1(4) <u>学校図書館や公共図書館，コンピュータなどを活用して，資料の収集・活用・整理などを行うようにすること。</u>また，第4学年以降においては，教科用図書の地図を活用すること。

特別活動

A 学級活動

(2) 日常の生活や学習への適応及び健康や安全に関すること

希望や目標をもって生きる態度の形成，基本的な生活習慣の形成，望ましい人間関係の育成，<u>学校図書館の利用</u>，心身ともに健康で安全な生活態度の形成，学校給食と望ましい食習慣の形成など

〈中学校指導要領〉
　総則
　　第6　指導計画の作成等に当たって配慮すべき事項
　　　2 (9)　各教科等の指導に当たっては，生徒がコンピュータや情報通信ネットワークなどの情報手段を積極的に活用できるようにするための学習活動の充実に努めるとともに，視聴覚教材や教育機器などの教材・教具の適切な活用を図ること。
　　　　(10)　学校図書館を計画的に利用しその機能の活用を図り，生徒の主体的，意識的な学習活動や読書活動を充実すること。
また，各教科の中での取り扱いについては，次のように規定されている。
　国語
　　第3　指導計画の作成と内容の取扱い
　　　1 (4)
　　　　ア　目的や意図に応じて的確に読み取る能力や読書に親しむ態度を育てるようにすること。その際，広く言語文化についての関心を深めるようにしたり，日常生活における読書活動が活発に行われるようにしたりすること。
　　　　(5)　第2の各学年の内容の「A話すこと・聞くこと」，「B書くこと」及び「C読むこと」の言語活動の指導に当たっては，学校図書館などを計画的に利用しその機能の活用を図るようにすること。
　美術
　　第3　指導計画の作成と内容の取扱い
　　　4　生徒が臨時鑑賞に親しむことができるよう，校内の適切な場所に鑑賞作品などを展示するとともに，学校図書館等における鑑賞用図書，映像資料などの活用を図るものとする。
　特別活動
　　A　学級活動
　　　(3)　学業生活の充実，将来の生き方と進路の適切な選択に関すること。
　　　　　学ぶことの意義の理解，自主的な学習態度の形成と学校図書館の利用，選択教科等の適切な選択，進路適性の吟味と進路情報の活用，望ましい職業観・勤労観の形成，主体的な進路の選択と将来設計など
〈高等学校指導要領〉
　総則
　　第6款　教育課程の編成・実施に当たって配慮すべき事項

5 教育課程の実施等に当たって配慮すべき事項
　(9) 学校図書館を計画的に利用しその機能の活用を図り，生徒の主体的，意識的な学習活動や読書活動を充実すること。

普通教育に関する教科では，次のように規定されている。

国語
第3 国語総合
3(4)ウ　読書力を伸ばし，読書の習慣を養うこと。
第4 現代文
3(2)　生徒の読書意欲を喚起し，読書力を高めるよう配慮するものとする。
第3款　各科目にわたる内容の取扱い
　(2) 学校図書館を計画的に利用することを通して，読書意欲を喚起し読書力を高めるとともに情報を活用する能力を養うようにすること。

特別活動
A　ホームルーム活動
　(3) 学業生活の充実，将来の生き方と進路の適切な選択決定に関すること。学ぶことの意義の理解，主体的な学習態度の形成と学校図書館の利用，教科・科目の適切な選択，進路適性の理解と進路情報の活用，望ましい職業観・勤労観の確立，主体的な進路の選択決定と将来設計など

　学校図書館に直接ふれている箇所は以上のようであり，これまでのものと比べれば「学校図書館」という字面は多くなっている。しかし，このことだけをもって指導要領における学校図書館の位置づけとするのは早計である。なぜならば，今回の改訂の基本は情報社会に対応した子どもの育成にあり，全編にわたって「生きる力」の育成を支援する学校図書館の機能が求められていると解すべきである。

2.　教育課程と学校図書館

　教育課程編成の原則は，学習指導要領第1章総則第1「教育課程編成の一般方針」に示される。そこには「各学校においては，法令及びこの章以下に示すところに従い，生徒の人間として調和のとれた育成を目指し，地域や学校の実態及び生徒の心身の発達段階や特性等を充分考慮して，適切な教育課程を編成

するものとする。」(中学校学習指導要領) と述べられている。つまり，教育課程とは，各学校において編成される教育（内容）計画をいう。

　教育課程は，小中学校では，①各教科，②道徳，③特別活動，④総合的な学習の時間の4領域，高等学校では，①各教科，②特別活動，③総合的な学習の時間という3領域で構成される。

　特別活動とは教科の学習以外の活動であり，学級活動，クラブ活動，学校行事で構成される。

　総合的な学習の時間は，「地域や学校，児童の実態等に応じて，横断的・総合的な学習や児童の興味・関心等に基づく学習などの創意工夫を生かした教育活動を行うこと」である（新学習指導要領第1章総則第3「総合的な学習の時間の取り扱い」）。さらに，その指導とねらいについて次の2点が強調されている。

> ① 自ら課題を見つけ，自ら学び，自ら考え，主体的に判断し，よりよく問題を解決する資質や能力を育てること。
> ② 学び方やものの考え方を身に付け，問題の解決や探求活動に主体的に取り組む態度を育て，自己の生き方を考えることができるようにすること。

　ところで，こうした総合的な学習の時間と学校図書館との関係について見るとき，すでに学校図書館草創期において追究されようとしていたことに気づく。文部省が学校現場からの強い要望に基づいて発行した『学校図書館の手引き』（師範学校教科書株式会社　1948　p.3-4）の学校図書館の役割中につぎのような指摘を見ることができる。

> (1) 学校図書館は，生徒の個性を伸張して行く上に役立つ。
> (2) 学校図書館は，多くの方面や活動において生徒の興味を刺激し，豊かにする。
> (3) 学校図書館の利用によって，人間関係や，他の人々の社会的，文化的生活を観察させ，さらに批判的判断や理解の態度を養って行くことができる。
> (4) 学校図書館は，自由な活動の手段を与える。
> (5) 学校図書館は，専門的な研究への意欲を刺激する。学校図書館の第一の目的は，かれらの研究を補い発展させていくところになければならない。
> (6) 学校図書館の蔵書は，生徒の持つ問題に対していろいろの考え方や答を提供する。

学校図書館は，児童生徒それぞれの能力に応じた学習機会を提供する。日常生活での問題を理解するのに役立つ材料を学校図書館で見いだし，最も有効に使い，自分で解決を考え出していく機会を提供する。自由に読み，学び，興味を発展させる機会をもたらす。一つの方面における興味が他の方面に対する興味を刺激し，自発性と積極的活動とを発展させる。これらは今から50年以上も昔の指摘である。すでに学校図書館が当時から現代的な教育課題や指導方法やねらいと密接な関係にあったことが注目される。

にもかかわらず今日，新たに「総合的な学習の時間」として教育課程の中に特別な時間が設定された。さらにその実施に対応すべく，学校図書館の活用について学習指導要領で規定されたのは，とりもなおさず新しい時代を生きる人間像の追究を目指してのことである。急激な社会変動の中では絶対的な価値観を持つことが難しくなり，著しく急速な技術革新はメディアの多様化と氾濫とをもたらした。こうした時代を人間としてより豊かに生きるために，すなわち，主体性に満ちた自己主導型学習のできる人間の育成がなにより急務と判断されたからに違いない。

「自ら課題を見つけ」るためには，多くのものを正確に読まねばならない。「自ら学ぶ」には，学ぶ意欲の形成と並んで学び方についての方法の習得が必要である。「自ら考え」るには，多くの正確な知識の修得とそれらを構造的に捉える能力や社会的・文化的な価値を見いだすことが条件である。「主体的に判断」するには，それを裏づける情報や，何より意志の強さが求められよう。ここに学校図書館の絶好の活躍機会が見いだせる。「総合的な学習の時間」は学校図書館の意義と役割を再評価，再確認させるものとして位置づけられる。

総合的な学習は，水や空気などの環境問題や地球資源など身近な生活上の疑問や問題点，地域の特性や産業を題材としてすでに先導的に試行されている。平成14(2002)年度より「総合的な学習の時間」の完全実施が始まっている。

各学校は，学校の教育課程を前年度末までに教育委員会に届け出なければならない。そこで各学校では，前年度の教育課程の実施の反省に基づいて全教師で教育課程を編成する。届け出の様式や具体的な事項，記入上の留意点などは

各教育委員会によって異なるが，おおむね次の事項が届け出内容とされる。

(1) 教育の目標
　① 学校の教育目標
　② 目標達成のための基本方針
(2) 指導の重点
　① 各教科，道徳，特別活動，総合的な学習の時間
　② 特色ある教育活動
　③ 生活指導・進路指導
(3) 学年別各教科等の時間配当
　① 年間授業日数配当表
　② 各教科，道徳，特別活動，総合的な学習の時間の年間授業時数配当
(4) 年間行事計画

　年間授業日数や指導時数は各学校において編成された教育課程に示される。それに従って，さらに具体的な授業時間割が作成され，こうして日々の授業が展開される。私たちは，このようにきわめて計画的，組織的なことを特徴とする学校教育を受けてきた。

　一般に教育課程と学校図書館との関係は，学校図書館法第2条（目的）に示されている。それは，①教育課程の展開に寄与する，②児童生徒の健全な教養を育成する，という二点に集約される。展開とは「実施」であり，先に示した学校の教育計画を年間予定表に従って遂行していくことである。寄与とは「役に立つ事を行うこと，貢献」である。したがって，「教育課程の展開に寄与する」とは，さまざまな教科の指導，学級活動，道徳，学校行事などの<u>あらゆる側面に渡って学校図書館のメディアと人と施設を役立てる</u>ことを意味する。

　「教育課程の展開に寄与する」具体的な方法は，対象，場所，目標などにより異なる。対象としては，教師に対する働きかけと児童生徒に対するそれとに区分される。場所として，図書館内と教室を中心とする学内とに大別される。

　教師に対しては，指導計画の作成や教材研究に対する資料・情報の提供及び授業時の学校図書館メディアの提供が必要である。指導目標と照合し，徹底し

た授業研究が実現できるよう教師を援助することは学校図書館の責任である。

一方，児童生徒に対しては，つぎのような目標が設定できる[1]。

 ① 各教科および教科以外の学習に役立てるため
  生徒が自らの手で図書館や資料を自由に駆使し活用することができるような，主体的に学習する能力の育成を目指す。
 ② 主体的・創造的な学習に役立てるため
  自ら進んで問題を発見し資料を探し，それを活用することによって問題を解決し，そこから学ぼうとするときに役立つ知識・技能・態度を育成する。
 ③ 生涯学習に役立てるため
  自ら知識や情報を獲得し，それを保存したりまとめたりする新しい能力が必要。

すなわち，積極的に資料を紹介したり，提供することによって，児童生徒の自主的な学習をすすめる能力を育成する。児童生徒が，教室での授業や学校内での生活の過程から感じとった疑問や問題をいかにして解決に導いていくかということが，教師に対する働きかけと並行して行われなければならない。

したがって，児童生徒が，自分たちで図書館のメディアを活用して問題解決ができるよう，図書館の運営やメディア構成に工夫が必要である。たとえば，メディアについては，図書・新聞・雑誌などの印刷メディアに加えて視聴覚メディア，実物・民俗資料，電子メディアなど多種多様なものが必要である。

各学校において教育課程を編成するということから考えて，教育課程と学校図書館とがどのような関わりをもつかということ（学校図書館の経営計画と教育課程との関連）は，各学校の責任に帰する。

3. 学習指導と学校図書館

学校教育は，明確な目的・目標を設定し，教育課程に基づいて児童生徒の指導を展開する。教育目的を達成するための手だてとして位置づけられるのが教育方法である。教育方法は学習指導と生活指導の2大領域によって構成される。

学習指導とは，教師が一定の文化内容（主として知識）を生徒に習得させ，

---

 1) 後藤満彦『中学・高校の利用指導の実際』全国学校図書館協議会　1984　p.13-14.

知的能力を発展させる作用であり，教授とも呼ばれる。児童生徒の主体的な学習活動による知識・理解・技能の習得を指導し，有効に働く精神的能力の育成を目指すものである。生活指導とは，教師が児童生徒に直接働きかけて道徳的な品性（意志）を形成する作用であり，訓育とも言われる。この場合，児童・生徒一人ひとりの持っているより良い個性を伸ばし，適応を援助するとともに，生活上・発達上の不適応に起因する諸問題の有効適切な解決を援助する。

　学習指導の原理として，次のような諸原理がこれまでに探究され，考案されてきた。それらの要点，人物，主義等について概観しよう。

　① 自発性の原理……人間の全ての能力は，内から外に自由な展開をする。この人間精神の内奥深く潜在している人間行動の根源的な泉を「自発活動性」という。

　　ルソー「自然主義の教育」　ペスタロッチ「合自然の教育」

　② 活動の原理……児童は本来活動的な存在である。そこで学習は，子どもの活動を中心に進めなければならない。子どもを教材に結びつけるものは興味であり，興味は活動の原動力である。

　　フレーベル「遊技と作業」　ケルシェンシュタイナー「労作教育」

　③ 興味の原理……学習活動は，目的によって焦点づけられ，導かれて発動する。さらに興味によって勇気づけられ，勢いづき活発な活動となる。

　　ヘルバルト「多方興味」　デューイ「インタレスト」

　④ 経験の原理……経験は生活体と環境との相互作用である。教育的経験は，生活体と環境との相互関係作用として存在する。

　　コメニウス『世界図絵』　キルパトリック「プロジェクト・メソッド」

　⑤ 直観の原理……直観は，主として感覚器官をもってする意図的な経験であり，これを知識の正確な唯一の基礎と考え，教授―学習の出発点とするのが直観教授である。

　　コメニウス『世界図絵』　ペスタロッチ「直観教授」

　⑥ 個性化の原理……学習の主体は子どもである。子どもは，どの子も個性的存在であって，興味・能力も実に多様である。学習はそれぞれ独自なもので

あり，学習を効果的なものとするには個人差に対応する必要がある。

　ダルトン・プラン「自由であること」　ウィネトカ・プラン

　⑦　社会化の原理……指導の目標を「社会性の豊かな人間性」の育成におき，学習の内容を地域社会生活の具体的な事象から出発し，その方法を学習者の生活実態に求め，そこから進めようとする原則。

　バゼドー「汎愛学校」　オルセン「コミュニティ・スクール」

　今日の教育の基礎を形成し，それを導いてきた先達たちの主義・主張や教育実践について概観するとき，学校教育と学校図書館との結びつきの深さに驚かされる。学習指導の原理は，まさに学校図書館の活用，学校図書館メディアの活用と密接な関わりを持ったものである。学習指導の原理の一つひとつに，学校図書館の可能性を感じ取ることができよう。

　しかしながら，現実の学校教育では，教科学習と学校図書館メディアとの関係が希薄である。学校図書館はもっぱら快適な読書を提供する図書の倉庫ぐらいとしてしか見られていない現実が，残念ながら存在する。なぜ，学習指導と学校図書館との関係について消極的な受け止め方しか見られないのであろうか。おそらくほとんどの教師は，教員養成の過程で，学習指導の原理についての講義を聴き，教育実習を通してその原理を活かす指導を受け，原理の重要性を理解しているものと思われる。なぜ，教育実践の段階で，学習指導の原理との関係でもって学校図書館メディアの活用がされないのであろうか。

　学校教育における学習指導の過程は，伝統的教授過程論と現代の教授過程論に区分される。前者は，ヘルバルト（Johann Friedrich Herbert, 1776-1841）の教授段階説を出発点として教育の世界で長い間に渡って支配的なものである。今日では〈導入・展開・整理〉という授業案作成のひな型として見られる。後者は，第二次大戦後，世界各国での新教育運動の中から生まれてきた。現代的な学習論，学習指導法として，①問題解決学習，②発見学習，③範例学習，④プログラム学習，⑤CAI・CALなどが提案され，実践されてきた。

　一斉指導の欠点を克服するさまざまな学習指導の理論や実践が展開してきたにもかかわらず，一斉指導と教科書の利用とは学校教育の学習指導を構成する

中核的な要素である。知育偏重，落ちこぼれ，詰め込み教育などさまざまな教育病理との関連性が取りだたされているが，一斉指導と教科書の利用は今後も廃れることはないであろう。

　一斉指導と教科書の利用は，必ずしも学校図書館の役割や活用を阻害するものではない。ある小学校で，学校図書館の活用を進めていったところ，教師たちが沈黙しはじめた。教師が教科書を使って知識を教え込むのではなく，子どもがさまざまな資料を使って知識を学び取るまで「待ち」はじめたのである。つまり，それまでの教え込みから考えさせる教育へと教師たちの意識が大きく変換した。この学校では，図書室＝本のある部屋という観念を払拭し，多様な自己実現活動の展開する物と場としての環境として位置づけた。そのため，図書コーナーに隣接する広場と教具室でオープンスペースを構成し，そこを学習・情報センターと呼んでいる。教師たちは，教え込み中心から支援にまわりはじめたのである。

　学校における教育活動が，究極的に子ども一人ひとりの人間としての主体性の形成をめざすものであるとするならば，しかも子ども自身による自己形成をめざすのであれば，問題解決や人間性の育成や健康で豊かな個性の伸長を援助することが重要である。学校図書館は，たとえば，情報活用能力の育成指導などを通してそのような課題に対して，もっともよく適合できる機関であろう。

　これらの活動によって，学習のスキル（情報検索や情報処理技術の習得）が獲得されれば，そこから子ども自身の自主的判断による学習が展開するのであろう。自ら考え，自ら判断して行動する人間が民主的な社会の構成員の資質として求められており，そのことが教育の中心課題でもある。学校図書館を核にして学内のあらゆる施設・設備を児童の学習に役立つ環境に整備すること，本の館からラーニングセンターへの脱皮が必要である。

　方法的に教師の教授活動を支援するにせよ，子どもの幅広い意味での学習活動を支援するにせよ，学校図書館は人間形成という教育の理念に深くかかわっている。一斉指導の中での学校図書館の活用であっても，結局のところ，指導者の意識と創意工夫が求められる。

第5章　学校経営と学校図書館

1. 学校経営と学校図書館

(1) 学校図書館の重要性と学校経営

　平成13年度『文部科学白書』は，学校図書館の重要性について，「日々の生活の中で子どもたちが読書を楽しむ心のオアシスとして，読書センターの役割を持つものであると同時に，必要な情報を収集・選択・活用できる学習情報センターとしての機能や，地域の人々が積極的に活躍する場としての役割を果たしていくことが重要」[1]と指摘している。では，たとえば，現在，多くの学校で「朝の読書」活動が実施されているが，どのようにして学校全体の取り組みとするのか。また，「総合的な学習の時間」と結んで，必要な情報を収集・整理し学校全体を学びの場として，子どもたちの学習を支援する態勢を築くのか。あるいは，学校図書館には，読み聞かせや資料整理などにボランティアが教師と協力して活躍している学校も多いが，彼らは学校組織にどのように位置づき，どのような協力態勢を必要とされるのか。

　学校図書館のもつ機能の充実を願って，このような問いを考えていく視点は，学校が，その教育活動の遂行にあたって，一定の時間内にその目的を達成するために人的・物的資源等をどのように活用していくかを問うことでもある。そのような取り組みこそが学校経営の営みということができる。すなわち，学校教育の目的や課題を，効果的・合理的・人間的に達成していくために必要となる人的・物的・財的・運営的な条件といった，その活動の展開に不可欠な諸条

---

1)　文部科学省編『文部科学白書（平成13年度）』財務省印刷局　2002　p.183.

件を整備して，学校のもつ組織的機能を総合的・有機的に高めていく継続的な活動が学校経営である。とりわけ，教育活動の組織である学校は，教育活動の成立基盤である人を人として認めるという人間的な視点が重要である。

（2） 学校経営の効果的かつ合理的でしかも人間的なあり方

そこで，学校図書館の重要性に鑑み，その機能を十全に発揮させるとともに充実させていくための学校経営の効果的かつ合理的でしかも人間的なあり方[1]を整理すると，次の点が重要である。

(1) 学校全体として子ども一人ひとりを受けとめ組織的行動を取るという協働性に支えられ，教職員の個別的・具体的な活動場面で，それぞれの創意に基づく豊かな活動を許容するある程度の幅をもった「共通性」を教育活動に保持すること。
(2) そのために，教職員の異質性を認識し尊重する中で，この「共通性」を意思決定過程を通じて形成していくこと。
(3) 子どもとの教育活動において，教職員の主体性・自律性が組織的な行動として発揮される場を確保し，そのような教育活動が効果的となるように社会的承認の機会や責任の分配を図っていくこと。
(4) 「共通性」の形成にあたって必要となる，組織目標の絶えざる具体化を行うコミュニケーション過程を柔軟なものとするため，教職員間の互いの情報や意見が脅かされることなく自由に交換しあえる支持的な組織風土を保有すること。
(5) 家庭や地域における子どもの生活実態，保護者の教育要求，学校外教育の態様，教育行政の要請や重点目標など，学校経営にあたっては必要な外部情報が学校や教職員個々人に提供されなければならないこと。

こうした点への取り組みによって，子ども観や教育観などのさまざまな点において異質な存在である教職員個々人が，学校図書館のもつ機能の重要性を認識し，それを学校としての教育理念に位置づけて共有することを可能にする。そして，自己の役割（たとえば，司書教諭の役割）を学校の組織全体を通じて鳥瞰し学校における経営努力に位置づけて協働し，自己の展開している実践（たとえば，学校図書館活動の主導者としての実践）を学校経営の組織全体の活動に連動し一貫したものとして認識することを可能にするのである。

---

1) 青木薫編著『教育経営学』 福村出版 1990 p.83-84.

（3） 学校の経営組織における学校図書館組織の位置づけ

　学校経営は，その目標達成にあたって，P（Plan:計画）―D（Do:実施）―S（See:評価）という循環過程を通して，有機的に関連し統合して継続的な活動として展開される。このP―D―Sの循環過程をマネジメント・サイクル（management cycle）と呼ぶ。この過程の遂行は学校の経営組織を通じて行われる。この経営組織には，大別して，①教育活動の組織（学習者の組織編制と，そのための分担や協力の体制を示した指導者の組織），②教務活動の組織（教育活動の展開を支え推進するための主に教育課程の計画・実施・指導に係る教務を管理する組織），③事務活動の組織（学校の施設・設備の管理や，庶務・会計の事務，PTAや関係機関との渉外に係る事務の組織），④学校運営の組織（教育目標を具体化するための教育課程計画や，組織運営や施設設備の計画などの作成にあたる職員会議や運営委員会などの組織），および⑤研究・研修組織（教育課題の解決や教育活動の展開の充実に取り組む研究・研修の組織）が含まれる。なお，通常，②教務活動の組織と③事務活動の組織を一括して校務分掌組織と呼んでいる。

　では，学校図書館組織はこの経営組織の中に，これからの学校教育にあって子どもたちに「生きる力」を育てるために，どのように位置づくことが求められるのであろうか。もちろん，学校段階や学校の規模など，学校のもつ条件性の差異によって位置づけが異なることは当然である。しかしながら，学校図書館を学校の教育活動全体に関連し奉仕する機関として捉える視点に変わりはない。そのため，学校図書館を全校的機関として明確に位置づけることが必要である。たとえば，教育課程の展開にあたっては，先の②教務活動の組織の活動に学校図書館の視点から意見を述べたり提案したりするといった学校経営に学校図書館として参画することや，また，全教職員の学校図書館に対する意思をくみ取り学校図書館の経営に反映することが可能な位置づけを求められる。

　したがって，第一に，日常的に学校図書館の業務を担う校務分掌のライン組織に位置づく学校図書館の組織は，学年組織や教科に係る指導組織である①教

育活動の組織や，教育課程の計画・実施・指導に係る教務を管理する②教務活動の組織と独立して位置づくことが肝要である。第二に，学校図書館運営委員会や資料選定委員会といった④学校運営の組織に位置づくスタッフ組織である学校図書館の組織は，教職員の学校図書館に対する思いを反映させる組織として機能する必要がある。その点で，他の校務分掌の組織との連携協力が不可欠であり，それら①教育活動の組織や②教務活動の組織に所属する教職員も入れて，学校図書館に係る組織を構成することが考えられる。

(4) 開かれた学校づくりと学校図書館

今日，各学校は，開かれた学校として，創意工夫を生かした特色ある教育課程を編成・実践し，特色ある学校づくりを進めていくことが求められている。この開かれた学校づくりにあたっては，家庭・学校・地域社会の教育連携の推進という外に開かれた学校であるとともに，分掌校務の展開に教職員間の開かれた関係を維持し内に開かれた学校であることが必要である。その点では，内に開かれた学校の視点から，学校経営と学校図書館について述べてきたといえる。確かに，「学校の施設の中で，特に学校図書館については，学校教育に欠くことのできない役割を果たしているとの認識に立って，図書資料の充実のほか，さまざまなソフトウェアや情報機器の整備を進め，高度情報通信社会における学習情報センターとしての機能の充実を図っていく必要がある」[1]ことを考えると，各学校の学校図書館の充実は不可欠であり，内に開かれた学校の推進でさらにその機能が充実する。

しかしながら，現実の学校のもっている条件性を考慮すると，個々の学校図書館は予算や施設・設備の現状において有限な施設であると言わざるを得ない。そのような現実にあっては，最大限の努力を払うにしても，多種多様な図書館資料や情報を収集・保存し，効果的に提供するといった学校図書館活動の充実には限界がある。また，今日の学校教育のあり方は，たとえば，平成

---

1) 平成8.7.19 第15期中央教育審議会「21世紀を展望した我が国の教育の在り方について」第一次答申。

14(2002)年度から小中学校で完全実施された学習指導要領（高等学校では平成15年度入学生から学年進行で実施）で設けられる「総合的な学習の時間」のように，「生きる力」の育成に児童生徒の自主的な学習の展開を支える教職員の指導・支援が強調される。そのために学校図書館の役割は重要であるが，孤立した個々の学校図書館でそれに応えていくことは困難である。

　そのような学校図書館をめぐる状況にあって，図書館利活用の要望が高まるなかで，学校図書館間のネットワークや地域公立図書館とのネットワークの構築，またリソーセスセンター（地域教材センター）の設立による学校図書館とのネットワーク化を図ることが求められている。学校図書館法第4条第1項には「五　他の学校の学校図書館，図書館，博物館，公民館等と緊密に連絡し，及び協力すること。」と示されているところではあるが，今日この実働化が切に求められるのである。すなわち，外に開かれた学校として，学校図書館が連携・協力していくことが求められている。もちろん，各学校の学校図書館が貧弱なままで良いというのではない。学習情報センター・読書センター・教材センターとして学校の教育活動の中心に位置づく各学校図書館の充実が前提となって，そのようなネットワークが機能することに留意すべきである。

　学校教育は生涯学習社会の基幹部分を担い，変化する社会に主体的に対応していくための「生きる力」の育成に責任を果たしていく。そのためにも，学校図書館をはじめ，館種を越えてネットワークを結び，資料・情報やサービスを結ぶことが不可欠である。そのことは，児童生徒にとって，現在の学びの場を拡大するだけではない。児童生徒は，生涯を通じて学習を継続できる場に触れ，学習の多様な方法を知り，学習を深めるにあたって必要な資料や情報を最後まであきらめずに追求する喜びを獲得することができるのである。

　なお，開かれた学校としては，地域社会の子どもや大人に対する学校施設の開放や学習機会の提供などを積極的に行い，地域社会の拠点としてのさまざまな活動に取り組む必要がある。学校図書館も，そのような取り組みにあたって重要な位置を占めていることに留意したい。学校図書法第4条第2項に「学校図書館は，その目的を達成するのに支障のない限度において，一般公衆に利用

させることができる。」と示されるとおりである。

2. 学校経営と学校図書館活動

（1） 学校経営における司書教諭の役割と職責

　司書教諭には，学校図書館のもつ機能を活用した教育や読書活動の活性化を通じて，学校の教育活動全体の充実改善に努めることが求められる。そのため，学校図書館のもつ資料や情報，施設・設備のもつ条件を把握し，学校内外の組織や個人のもてる力を活用するなどして，それらを学校の教育活動全体に生かしていく結節点としての活動が期待される。司書教諭の任務と役割については第3章に述べられているが，①教師，②情報・メディアの専門家，③教育課程の立案・展開の支援者としての視点も，学校図書館のもつ機能を学校の教育活動全体に切り結ぶ司書教諭の重要性を踏まえて理解することが必要である。

　すなわち，司書教諭には，学校経営という視点から学校図書館活動を学校の教育活動全体に位置づけて捉えるセンスが不可欠なのである。したがって，学校のめざす教育目標や経営方針，それに基づく具体的な教育活動計画はいかなるものであるのか，まず，学校経営に対する理解が必要とされる。そして，学校の教育活動が学校内外の組織とどのように関連して遂行されているのか，さまざまな教育活動の有効な展開にどのような準備や配慮が必要であるのか，さらには児童生徒の指導にあたって考慮すべきことにはどのような事柄が重要となるのか，といった知識や経験をTPO（Time：時，Place：所，Occasion：場合）に応じて発揮することが求められる。

　学校図書館や司書教諭の活動が学校の教育活動において大きな教育効果を上げている状況をみると，多くの組織や個人と結びついて活動している場合が多い。司書教諭単独で活動するだけでなく，多くの教職員や組織と結び，学校図書館のもつ機能を利活用するシステムを作り上げていくために活動することが重要となる。たとえば，カリキュラム編成や指導案作成においても，また学校

図書館を活用した学習の計画・実施においても，司書教諭は教職員の求めに応じて学校図書館のもつ情報や資料を提供するだけでなく，学校経営の視点から他の校務分掌組織や担当者と結んで，学校図書館のもつ機能を提案していくことが求められる。それでこそ，情報やメディアを収集し整理して提供する機関として，学校図書館のもつ機能を有効に活用することが可能とされる。

司書教諭には，学校図書館を活用した教育活動や読書活動の活性化に，図書館内外において児童生徒を直接にまた学級担任とティームティーチングによって指導することも期待される。それに加えて，総合的な学習の時間など，今後ますます特色ある学校づくりが求められるなか，学校の教育活動全体に学校図書館がどのような機能を提供することができるかといった視点から，教職員をはじめさまざまな機関や組織や個人に働きかけ，学校図書館の機能を生かす活動や組織を作り出すことが司書教諭の職責として重視されるのである。

（2） 学校経営に対する司書教諭からの情報発信

学校図書館活動について詳しくは，第11章，第12章に述べられるが，情報・メディアの収集・選択・保存といったテクニカル・サービスと，情報・メディア利用活動，情報・メディア利用教育活動，情報・メディア利用促進活動から構成される情報・メディア提供活動，といわれるパブリック・サービスに大別して捉えることができる。このような学校図書館活動を概観してみても，次のような取り組みをどのように進めるかは学校の組織的な活動として学校経営に位置づけていくことが必要とされる。すなわち，学校内で情報活用能力の育成に取り組みたいとか，全校で「朝の読書」を中心として読書教育に取り組みたい，あるいは，「総合的な学習の時間」に学校図書館を活用したい，といった取り組みである。では，そのために司書教諭はどう取り組めばよいのであろうか。ここでは，学校図書館活動の推進に，司書教諭がそれらの取り組みを具体的に学校の組織的な活動としての学校経営にどのように位置づけていくのか，学校経営に対する司書教諭からの情報発信について考えよう。

司書教諭は，学校教育を取り巻く現在の状況にあって，学校図書館のもつ資

料や情報，施設・設備のもつ条件を把握した存在として，学校内外の組織や個人のもてる力を活用するなどして，それらを学校の教育活動全体に生かしていく結節点となる存在である。換言すると，学校図書館に対する学習情報センター・読書センター・教材センターとしての期待と，自校の学校図書館のもつ特色と限界，すなわち学校図書館のもつ条件性との両視点を勘案することができる存在である。

　したがって，司書教諭からの情報発信には，「生きる力」の育成に学校教育改善の方向性を示し学校図書館のもつ機能の活用を提案するとともに，自校の学校図書館のもつ機能の現状を分析してその充実の方途を提案することが基本となる。そのため，第一に，今なぜ学校図書館が重要か，学校図書館に何が期待できるのか，学校図書館の機能をどう生かすのか，といった情報を発信し，「生きる力」の育成にあたって学校図書館のもつ機能の活用の重要性・必要性について学校全体で共有していくことが必要である。第二には，自校の学校図書館の現状や活用状況はどうであるか，現状からして何が課題でありどのような方策に取り組むことが重要か，自校の学校図書館機能の充実にどのような方策が必要か，といった情報を発信し，自校の現状を踏まえた学校図書館の充実に対する方策に学校の全教職員で取り組むことが必要である。

　では，具体的に，学校図書館活動の充実に学校経営に対して司書教諭はどのような情報発信を行うことが求められるであろうか。第一に，教科の調べ学習や総合的な学習の展開には学校図書館を活用した学習が不可欠であるが，教科や学年の学校図書館活用の時間を調整した学校図書館の全校活用計画をたて，学校図書館活用による学習内容や方法をめぐっての情報発信が考えられる。たとえば，先進校の事例の紹介や自校の条件からみた可能性や課題を，また，これまでの取り組みの成果を発信するのである。第二には，総合的な学習の時間や学級活動の時間を弾力的に運用しての学校図書館活用についての情報発信も考えられる。特に，学習の方法をめぐって，自ら学ぶ力の育成や情報活用能力の育成にあたって有効なメディアや情報について発信するといったことである。第三に，読書活動の活性化にあたっての情報の発信には，たとえば，「朝

の読書」を全校で取り組むのであれば，全国的な実施状況やその成果を報告するとともに，具体的な取り組み方法についての情報発信が重要である。

なお，以上のような学校経営に対する情報は，スタッフ組織としての学校図書館運営委員会やライン組織としての学校図書館部から組織的に発信される。司書教諭はその柱として，リーダーシップを発揮することが求められる。

(3) 開かれた学校づくりと司書教諭

先に見たように，開かれた学校づくりに学校図書館もその一翼を担っている。今日，学校の情報化の中枢的機能を担うことが学校図書館の役割に期待されるなかで，司書教諭には，学校の内を開いていく取り組みとして，特に情報化推進のための校内組織と連携していくことが求められる。司書教諭には，読書指導の充実とあわせ，子どもたちの主体的な学習を支援するにあたって，学校における情報教育推進の一翼を担うメディア専門職としての役割を果たしていくことが求められるのである。たとえば，情報教育の取り組みをティームティーチングで行ったり，教育用ソフトやそれを活用した指導事例等に関する情報を収集したり，教職員に対して有用な情報を提供したり，校内研修にあたって運営援助したりすることなどが考えられる。

また，外に開かれた学校の視点からは，学校図書館間のネットワークや地域公立図書館とのネットワークの構築にあたって，学校図書館の担当者として，他校の学校図書館や地域公共図書館との連携・協力に中心的な役割を果たすことが司書教諭には求められる。そのような役割はネットワーク等の構築への連携・協力に留まってはならない。なぜなら，ネットワークを活用した取り組みやリソーセスセンターを有効活用する取り組みにおいて，資料・情報やサービスと学校内の教職員とを出会わせることによってはじめてネットワーク等の構築が有効であるといえるからである。したがって，司書教諭には，教職員の求めに応じてネットワーク等を活用して必要な情報や資料を提供するとともに，ネットワーク等を活用した有効な取り組みについてのヒントや取り組みそのものについて提案していくことが求められるのである。

3. 学校図書館とネットワーク構想

　前節で述べられているように，学校図書館は学校のなかで開かれた図書館になるだけではなく，母体である学校が地域に開かれた経営を行っていくように，学校図書館も開かれた図書館運営を指向する必要がある。理由は，図書館を維持するために必要なあらゆる資源，それは人的・物的・施設的・財政的資源，すべてにかかわって有限であるなかで，図書館同士の協力・連携によって，この状況を補完することができるからである。そして，このような連携を実現しうる社会的環境が整ってきているからにほかならない。

　科学技術の進歩が激しく，国際化・情報化の進展する今日，社会はめまぐるしく変化しているが，中でもメディアの電子化とコンピュータおよび遠隔通信テクノロジーの急速な進展は著しい。図書館でもそれらの技術の適用を図り，利用者が幅広く情報を収集し，新しく知識を習得することを支援してきている。その良い例の一つが目録の電子化であり，これをインターネット上で公開するOPAC(Online Public Access Catalog：オンライン閲覧用目録)の開発である。このような目録が整備されることによって，世界中の図書館の目録が日常的に検索できるようになり，日本の図書館界でもOPACの作成をはじめ，図書館間でのネットワーク構築が盛んに行われている。

　学校図書館界でもこのような動きがここ数年見えはじめている。図書館間のネットワークの構築によって，学校図書館がサービス対象としている児童生徒や教職員の頭脳の働きをするメディアが量的にも質的にも情報資源の共有によって拡充されるのだから，その効用は計り知れないものがある。従来のような一館孤立型からの情報資源共有型への移行は，時代の流れに即した方法であり，学校図書館界もこの構想を取り入れなければならない。

(1) ネットワーク構築の要件

　そこで，ネットワーク構築に必要な要件を検討してみよう。第一に，図書館

関係者が，司書教諭をはじめ係り教諭も事務職員も，全員がネットワーク構築について，その理念を理解し賛成して積極的に参画すること。次に，図書館にコンピュータが設置されていることが，ネットワーク構築には不可欠な条件であることは言うまでもない。そして，各図書館の目録が電子化されることと，この際，データフォーマットをネットワーク参加校すべて共通のもとすること，さらに，共通の通信プロトコルを整備することである。

　このような取り決め作成の委員会をネットワーク参加校の中に設けることも，計画を進行させ，ネットワーク稼働後もその運用に当たっての取り決めを行う際にまとめる役割を果すためにも重要なことである。それから，ネットワーク運用に当たっての最重要課題は，相互貸借されるメディアを運ぶメディア流通制度の確立である。つまり，参加図書館間でメディアを運搬する手段を必ず設けることである。それには，業者委託も一つの方法であろう。

　さらに参加校すべての総合目録を維持するには，参加校からのメディアの発注・受け入れ，目録作成とラベルを貼るなどの整備業務が一元的に集中・一括して行われ，参加校には，すぐに利用できる状態で発注したメディアが届けられるようになると，総合目録の維持管理が行えると共に，各学校図書館では，目録作成やメディアの整備に時間を取られることなく，児童生徒や教師へのサービスにすべての時間を使うことができる。

　要約すれば，ネットワーク構築によって，参加校全体としてより高次の図書館サービスが可能になるので，ネットワーク構築は，これからの学校図書館経営の一つの方向と言える。

（2）外 国 の 例

　以上のような考え方に基づく学校図書館運営は，諸外国では1970年代から実践されている。たとえば，アメリカ，イギリス，カナダ，オーストラリア，デンマークなどでは，メディアセンター（media center），リソーセスセンター（resorces center）と呼んで，地域の学校図書館の核になる図書館を設ける体制を維持してきている。アメリカの場合を一例として説明しよう。

学校区に一つメディアセンターが置かれ，地域内の個々の学校メディアセンターはその下位組織（サブシステム）と位置づけられ，個々の学校のメディアセンターから出されるメディアの発注・購入・整理は集中的に学校区メディアセンターで行われ，個々の学校のメディアセンターには，請求記号のラベルも貼られ整理されたメディアが配送され，個々の学校メディアセンター職員は，目録作成に時間を費やすことなく，すべての時間を児童生徒及び教師への直接サービスに利用できるようになっている。この際，集中的に整理していることから，学校区内の個々の学校のメディアセンター所蔵の総合目録も同時に作られ，現在ではオンラインで各学校のメディアセンターから，総合目録へアクセスできるようになっている。そして，地域メディアセンターは州メディアセンターの下位組織と位置づけられ，さらに館種を越えた全国ネットワークへつながっている。

学校区メディアセンターには，個々の学校のメディアセンターをサポートするメディアが用意され，各学校のメディアセンターを補完する機能を備え，さらにメディアセンター指導主事が配置されて，個々の学校のメディアセンターの運営にアドバイスをしたり，メディアスペシャリストの研修を行っている。

（3） 袖ヶ浦市の学校図書館ネットワーク

千葉県袖ヶ浦市における学校図書館ネットワークは，教育委員会が中心となって実践されている例として注目される（5-1図参照）。このネットワークの特徴は，学校図書館間で独自のネットワークを組み，公共図書館の蔵書へは，公共図書館のOPACからアクセスしている点である。なお全学校図書館蔵書の総合目録は総合教育センター内で維持管理されている。そして，ネットワーク上に図書掲示板を設け，情報の1対1から1対多数化を図り，一般的な情報の共有だけではなく，レファレンスクエスチョンなどを共有することによって，サービスの向上にも役立っている。

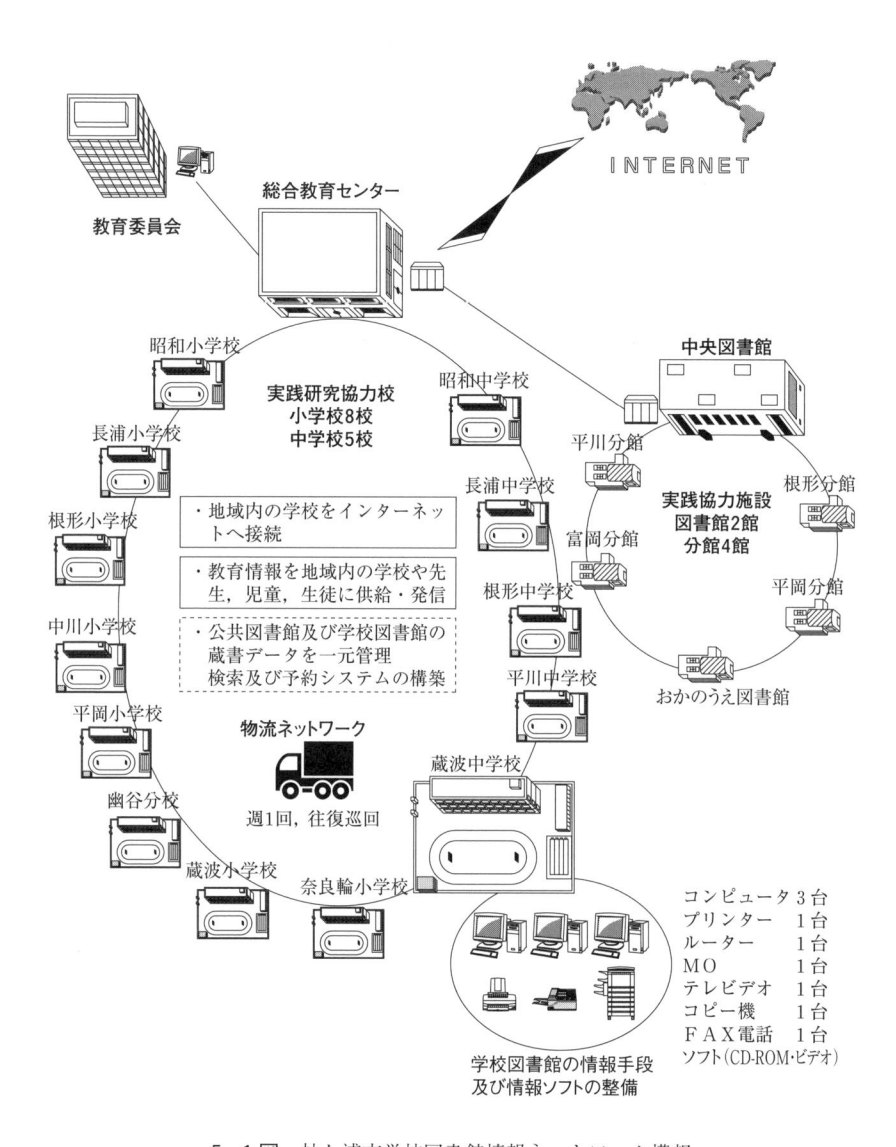

5−1図　袖ケ浦市学校図書館情報ネットワーク構想
　　　　　　　　（出典：「袖ヶ浦市の読書教育・中間報告書」平成12年3月）

第6章　学校図書館メディア

1.　学習とメディア

　学習とは，人間が外界からの刺激を受けることによって内面的あるいは身体的な変容をもたらすことをいう。その変容が人間にさまざまな価値を付与する。

　人間は，環境から絶え間なく各種の刺激を受けている。目からは色や形，大きさなど視覚的な情報が，そして耳からは方向や位置を知るのに都合のよい情報が入ってくる。身体的な接触を通して温度や質感を感じ取ることができる。私たちは五感を通して刺激を受け取り，絶えずなんらかの精神的・身体的な変容を繰り返している。

　人間の内面的・身体的な変容は，止むことがない。たとえば，物語を読んで感動したり，伝記を読んで感銘を受けたりする。心が和んだり豊かになる。新聞を読んだりテレビを視て世の中の動きについて知り，いろいろな人との会話を通して多くの知識を得ていく。知識の増大は認識力，判断力，批判力を向上させる。それは人間生活に合理性や効率性をもたらす。

　知識の獲得や人間性の涵養は，個人的な営みというよりも学校という教育機関を通して最大限に能率よく進められてきた。学校はマクロな観点からすれば，次代の国民を育成するという社会的使命を帯びており，過去の文化遺産の中から精選された知識・技術・思想などを授けるという方法によって（教授），さらに，人間性を育むためのさまざまな働きかけ（陶冶(とうや)）によって，その目的を追究してきた。その学校教育における中心的なメディアは印刷物である教科書であった。

　メディアとは，もともとコミュニケーション理論で使われてきた用語である。それは，送り手と受け手の間にあって伝達されるメッセージとそのメッセージ

を載せて運ぶチャンネルとを意味する。つまり，伝達される情報の内容と媒体との全体がメディアという用語で表現される。

従来，メディアの中心は印刷物であった。紙は二千年近くに渡って人類の記憶を社会的に伝達する道具として機能してきた。しかし，20世紀最後の四半世紀に進展した技術革新の結果，各種のメディア機器が普及し，今や印刷メディアから電子メディアへの大きな変革がうねりとして始まろうとしている。

一方で人々の学習の個別化や高度化がますます進行し，他方では急速な技術革新に伴い次々と新しいメディアが誕生していく今日，学習とメディアとの関わりはいっそう密接なものとなりつつある。

すなわち，IT（Information Technology：情報技術）革命が急速で急激な社会環境の変化・変容をもたらした。すでに私たちの生活のまわりにはコンピュータをはじめとして情報機器があふれ，コンピュータに支配され管理されていると言っても過言ではないだろう。

コンピュータや携帯電話という情報機器の普及は，私たちが持っていた価値観を一変させるような社会状況をもたらした。そうした社会状況に適応し，人間らしく豊かに生きて行くには，ますます増大し多様化する学習課題を解決していくことが必要である。同時に，IT革命のアウトプットとしての新しいメディアへの適応をいやでもせざるを得ないだろう。

このように学習とメディアとは密接不可分な関係にある。各種のメディアの普及と学習への影響力を考慮すれば，従来からの「資料」という言葉では学校図書館のコレクションを論じるのに不十分となってきた。

日本で「学校図書館メディア」という語句が使われ始めたのはごく最近のことである。平成10(1998)年2月25日に発表された学校図書館の充実等に関する調査研究協力者会議『司書教諭講習等の改善方策について』では，次のように述べている。

> これまで，図書の分類や目録に関する技能の修得のみと一般的に思われがちであった科目「図書の整理」（2単位）については，図書のみならず視聴覚メディアその他の多様な情報メディアを含めた <u>「学校図書館メディア」</u> という観点から発展

的に再構成することが必要となっている。

すなわち，学校図書館メディアとは，従来から図書館の中心的な資料である図書だけでなく視聴覚メディアその他の多様な情報メディアを含めた「幅広い形態やさまざまな形状」をしているメディアの総称である。

2. 教育目標達成と学校図書館メディア

学校図書館メディアを発展的に再構成することは，学校図書館が学校教育を支える中心的な存在としての役割と機能を重視することにほかならない。

これまで，学校図書館資料は図書を軸とした印刷物が中心であった。文字通りの図書の館（やかた）としての学校図書館から，幅広いメディアを集めたメディアセンター，学習情報センターへと脱皮しなければならない。特に，情報活用能力の育成が要求される現代の学校教育では，自学能力としてのリテラシーの発達が大きな課題であろう。そのためには各学校段階の目的，目標および各学校独自の努力目標などの確認が今一度必要である。

小学校教育の目的は，「心身の発達に応じて，初等普通教育を施すこと」（学校教育法第17条）であり，その目的を実現するために，学校教育法第18条に掲げる八つの目標の達成に努めなければならない。

　一　学校内外の社会生活の経験に基づき，人間相互の関係について，正しい理解と協同，自主及び自律の精神を養うこと。
　二　郷土及び国家の現状と伝統について，正しい理解に導き，進んで国際協調の精神を養うこと。
　三　日常生活に必要な衣，食，住，産業等について，基礎的な理解と技能を養うこと。(以下省略)

中学校教育は，「小学校における教育の基礎の上に，心身の発達に応じて，中等普通教育を施すことを目的」としており，学校教育法第36条の各号に掲げる目標の達成に努めなければならない。（高等学校については省略）

　一　小学校における教育目標をなお充分に達成して，国家及び社会の形成者として必要な資質を養うこと。

二　社会に必要な職業についての基礎的な知識と技能，勤労を重んずる態度及び個性に応じて将来の進路を選択する能力を養うこと。

三　学校内外における社会的活動を促進し，その感情を正しく導き，公正な判断力を養うこと。

　さらに各学校では，たとえば，本校努力目標として「人を敬い礼儀正しい子ども」「進んで奉仕する子ども」「よく観てよく考える子ども」などのように具体的な努力目標を設定している。これらの学校独自の目標設定に見合った学校図書館経営方針や学習指導，読書指導並びに情報活用能力育成の指導などの指導計画を設定し，その実践を支援するメディアをコレクションとして構築することが各学校図書館においてなされねばならない。

　ところで，学習指導では児童生徒の発達段階に応じたあり方が追究されてきた。しかし，学校教育段階と学校図書館との関連についてはこれまであまり考慮されていない。学校図書館メディアの構築において，児童生徒の発達段階を考慮するという視点が必要である。

　たとえば，基礎的なリテラシー（読み・書き・算）に重点をおく小学校の学校図書館では，気軽に利用できる便利な，そして面白くて楽しい図書館づくりが求められよう。図書館メディアも，絵本や紙芝居など娯楽性を持ったものやスライド，ビデオテープなど視聴覚に訴えるものが低学年では有効である。しかし，高学年になればいわゆる「調べ学習」が始まるので，他方で参考図書などの収集も見過ごすわけにいかない。つまり，発達段階に適したメディアの収集である。

　中学校の学校図書館は，学習活動そのものに興味を持たせる図書館づくりを目指すべきであろう。子どもと大人の中間として，思春期における生徒の指導は個人個人へのきめ細かい対応が肝要である。学習や生活面だけでなく将来の進路指導をふまえて個の確立が大きな課題であり，個人差に対応した指導に耐えうるようなメディアの構築が必要である。資料を調べる，メディアを利用する楽しみ，喜びをいかにすれば経験させることができるだろうか。多感なこの時期，すぐれた読書材も当然豊富に用意しなければならない。

高等学校の学校図書館は，中学校の図書館以上に，学習情報センターとしての学校図書館づくりが必要である。生徒の能力，関心，適性に見合った，一人ひとりが確かな選択能力を培うことのできるよう豊かなメディアとの出会いの機会を用意すべきである。

　総合的な学習の時間も含めた教育課程の展開を支え，自学能力としてのリテラシーの発達にとって，子どもの発達段階を考慮した学校図書館メディアをコレクションして構築することが求められる。

3. 学校図書館メディアの統合的利用

　メディア活用能力は，現代社会における重要なリテラシーと考えられる。元来，文字の読み書きができるという意味であったリテラシーは，今日その概念が大きく変容している。すなわち，さまざまな形態で，さまざまな媒体によって伝達されるメッセージを的確に受け止め，それを自由に取り扱うことのできる能力として新たな意味を付与されている。

　高度情報通信社会における重要なリテラシーとされるメディア活用能力は，次の二つから構成される。

　① 情報収集能力……自分にとって本当に必要な情報，多くの中から本当に信頼できる正確な情報を選択・収集できる能力。

　② 情報処理・分析能力……集めた情報を整理し，保存するという処理能力や多くの情報を元にして比較分析を行う分析能力。

　メディア活用能力の育成は，現代学校の教育のあり方に大きな影響をもたらした。たとえば，「総合的な学習の時間」は新しい教育活動を生み出した。小学校の新学習指導要領第1章総則第3「総合的な学習の時間の取り扱い」では，「地域や学校，児童の実態等に応じて，横断的・総合的な学習や児童の興味・関心等に基づく学習などの創意工夫を生かした教育活動を行うこと」と説明している。その指導とねらいについて，次の二点が指摘されている。

　(1) 自ら学び，自ら考え，主体的に判断し，よりよく問題を解決する資質や

能力を育てる。
(2) 学び方やものの考え方を身につけ，問題の解決や探求活動に主体的に取り組む態度を育て，自己の生き方を考える。

　要するに，新しい時代の教育は，従来の「教え」から「学び」を中心とする教育への変容をねらいとしており，メディアの活用を通して「学びを創造する」ことを意図しているといえる。

　従来からの教科書を主たる教材とした「一斉指導」では，こうした学びの創造にとって十分な対応はできない。学びの創造にとって，学校図書館メディアの利用は不可欠である。

　その場合，多様なメディアを必要に応じてもっとも効果的に用いることが重要であろう。つまり，学校図書館メディアの統合的利用である。たとえば，社会科地理の日本の農業についての単元学習であれば，教科書はもとより，地図帳，新聞記事，年鑑，統計書，スライド，ビデオテープなど各種のメディアを統合的に用いることが可能である。これらに加えて，さらにインターネット上の情報を組み合わせれば，リアルタイムな情報が加わり，学習そのものが活気を帯びてこよう。学習のねらいに応じて各種のメディアを組み合わせること，それぞれのメディアの特性を生かしてすぐれた学習成果を生み出すようなメディアの統合的利用が重要である。

　文字情報と映像，画像，音声情報などの複合的なメディアの活用は，子どもたちに具体的で現実的な理解と関心をもたらすであろう。こうしたメディアミックスによって学習を立体的な厚みを持った構造に変えることが可能となる。それは従来の教科書一辺倒の授業のもっていた欠点を大きく補うものである。自ら学び，主体的に判断したり積極的に問題解決に取り組む意欲や能力は，子どもたちが興味や関心をもって授業に臨むことから芽生えるものであろう。

　さらに，教育の情報化によりコンピュータやインターネットが普及している今日では，情報発信という新たな側面が注目されている。先の社会科を例にあげれば，デジタルカメラやビデオカメラで自分たちの地域についての情報を収集したり，インターネットを介して全国に発信することができる。全国的な情

報発信は他地域との比較検討を可能とするし，児童生徒による他校との交流も実現する。このようにインターネットや新しいメディアの活用は，児童生徒による情報受容だけでなく，児童生徒自身による情報発信という画期的な学習効果を期待できる。

　各種メディアの統合的利用という経験そのものが，高い学習成果をもたらすだけにとどまらず，重要なリテラシーであるメディア活用能力の育成に役立つものである。今後における学校教育の役割は，メディアの統合的利用を通じてすぐれたメディア活用能力を身につけた子どもたちを社会に送り出すことにあると考えられる。

4. 学校図書館メディアコレクション

　学校図書館メディアは，印刷メディア，視聴覚メディア，パッケージ系メディア，ネットワーク系メディアという4種類に区分される。それらをメディア形態別にさらに詳しくみると，次のように示される。

(1) 印刷メディア
　1) 図書　　　2) 逐次刊行物　　3) その他の資料
　　　　　　　　　①新聞
　　　　　　　　　②雑誌
　　　　　　　　　③パンフレット
　　　　　　　　　④リーフレット
　　　　　　　　　⑤レポート

(2) 視聴覚メディア
　1) 視覚資料　　2) 映像資料　　3) 録音資料　　4) マイクロ資料
　　①写真　　　　①スライド　　　①レコード　　　①ロールフィルム
　　②絵画　　　　②TP　　　　　　②CD　　　　　　②シートフィルム
　　③ポスター　　③映画フィルム　③録音テープ
　　④紙芝居　　　④ビデオテープ
　　　　　　　　　⑤ビデオディスク

(3) パッケージ系メディア
　1) 磁気ディスク　　　　　　　2) 光ディスク

(4) ネットワーク系メディア
1) Webサイト　2) 電子メール　3) 電子書籍
4) その他のネットワーク系電子メディア

　図書は一般図書と参考図書に大別される。さらに，一般図書は①絵本，②物語・小説，③ノンフィクション，④漫画に，参考図書は①辞書，②百科事典，③年鑑，④図鑑，⑤地図・地図帳，⑥書誌・目録に区分される。また，オリジナルな著作である一次資料，一次資料をコントロールする書誌・目録などの二次資料というように区分される場合もある。

　これら4種類の各種メディアの他に，実物，標本，模型がある。これらの各種メディアを選択して，学校図書館メディアコレクションを構成する。その際の要点は，次のように整理される。

　まず，学校図書館メディアコレクション構築の前提条件として次の事項が取り上げられる。

(1) 子どもの本や，本以外のメディアに詳しいこと。
(2) 子どもをよく観察して理解していること。
(3) 出版や出版物に関する知識の蓄積があること。
(4) じっくりと考え，計画的に購入すること。

　さらに，学校図書館メディアコレクション構築の基本的原則として次の5項目が重要である。

(1) メディアコレクションの構築が学校全体の組織的な取り組みであること。
(2) メディアコレクションが教育課程の展開に役立つものであること。
(3) メディアコレクションが読書生活を豊かにするものであること。
(4) メディアコレクションが蔵書構成の先を展望した計画的なものであること。
(5) 児童生徒と教師の情報要求を正しく学校図書館メディア選択に反映させること。

　まず，「メディアコレクションの構築が学校全体の組織的な取り組み」とし

て推進されねばならない。その理由は，学校図書館が学校の教育目標を達成することへの支援を第一の目的としているからにほかならない。したがって，校長，司書教諭，学校司書をはじめ，全教職員がメディアコレクション構築に取り組む必要がある。メディアコレクションの構築が司書教諭一人に任されたり，一部の係り教師の独断によって行われることがあってはならない。

　また，学校教育法に規定される原則的・包括的な目的及び目標に加えて，各学校では毎年独自の教育目標（または，努力目標：たとえば，最後までやり遂げる根気を育てようなど）が設定される。それを実現する教育内容計画としての教育課程も当然，各校で編成内容が異なる。学校の教育活動の実態は，学校段階，地域，子どもたちの興味・関心など，さまざまな要因によって異なる。したがって，「教育課程の展開に役立つものである」ためには，学校が何を「めあて」としているかという視点にたって，メディアコレクションの構築を推進すべきである。すなわち，各学校の教育目標遂行に役立つコレクションの構築が求められ，それは各学校独自のものであるはずである。

　読書離れ・活字離れが指摘される現代において，子どもたちの豊かで健康な読書生活を支援するようなメディアコレクションの形成が重要なことは言うまでもない。この点においては，今後公共図書館との密接な連携が求められよう。

　豊かな資料費が確保できないだけでなく，出版物に関する情報入手の限界や学校内のあらゆる資料・情報要求に応えられないなど収集活動の現実的な制約から考えて，メディアコレクションの構築は，短期・中期・長期的なビジョンに基づいて計画的に取り組むべきである。従来から指摘され続けているが，現実には実現されていない。

5. 学校図書館メディアと著作権

　学校図書館メディアの利用にあたっては，「著作権法」（昭和45年5月6日，法律第48号，昭和46年1月1日から施行）の規定を尊重しなければならない。著作権法第1条では，「著作物並びに実演，レコード及び放送に関し，著作者

の権利及びこれに隣接する権利を定め，これらの文化的所産の公正な利用に留意しつつ，著作者等の権利の保護を図り，もって文化の発展に寄与する」ことを目的としている。つまり，著作権とは，小説を書いたり，作曲したりしたときに，それらを出版したり放送したりして利用することについて，それを書いた人，作曲した人に対して法律によって認められる権利である。小説や音楽のような著作権による保護の対象となるものを著作物といい，それを創作した人を著作者という。

著作権法では，著作者の権利に一定の存続期間が定められており，この期間を保護期間という。この保護期間は，旧著作権法（明治32年制定）では著作者の死後30年間であった。その後，わが国がベルヌ条約（著作権に関する最初の国際条約）に加入したことに順応する形で現行の著作権法が制定され，現在その第51条で保護期間は著作者の死後50年となっている。

ところで，一般に図書館における複写サービスは，著作権法第31条の例外規定によって運用されるものである。著作権法第31条は，図書館における複写について次のように規定している。

> 図書，記録その他の資料を <u>公衆の利用に供することを目的とする図書館その他の施設で政令で定めるもの</u>（以下この条において「図書館等」という。）においては，次に掲げる場合には，その営利を目的としない事業として，図書館等の図書，記録その他の資料（以下この条において「図書館資料」という。）を用いて著作物を複製することができる。

ところが，学校図書館における複写サービスは法律上許容されていない。政令で定められた図書館とは，国立国会図書館，公共図書館，大学，短期大学または高等専門学校に設置された図書館，文化庁長官が指定した専門図書館などである。学校図書館は，政令で定められた図書館等に含まれないことは意外に知られていない。

しかし，教育目的のための複製は著作権法において認められており，学校における学校図書館メディアの複写を完全に排除するものではない。たとえば，著作権の制限事項の中に「学校における複製」（第35条）があり，①複製を行う者が，教育を実際に担当する者であること，②複製が授業の過程での使用を

目的とすること，③その複製が，著作物の種類及び用途並びにその複製部数及び態様に照らして，著作者の権利を不当に害さないこと，などの要件を満たす場合には著作者の許諾を得ることなく複製できる。

また，入学試験や採用試験などの試験問題としての著作物を複製できる（第36条）。さらに，点字図書館や盲学校の図書室など一定の施設では，盲人向けの貸出用として著作物を録音することができる（第37条）。

学校図書館メディアの活用は，このように著作権法で認められた範囲内での複写，複製によって可能である。さらに，印刷物の複製であれば「日本複写権センター」と契約することによって，委託を受けている出版物に関して複写が許諾される。

印刷物（楽譜を除く書籍又は雑誌）の貸出しは著作権法附則4条の2の規定により認められている。

市販されているCDの貸出しは著作権法38条第4項により認められている。ビデオテープは，著作権補償処理済みのビデオ資料を日本図書館協会から購入することによって貸し出しできる。

著作権法38条第7項では，営利目的でないこと，聴衆や観衆から入場料金を徴収しないこと，かつ出演者に報酬を支払わないことなどの条件を満たせば，所蔵しているCDを使った音楽鑑賞会やビデオテープやレーザーディスクを使用した映画鑑賞会も開催することができる。

学校教育の中でインターネットやデータベースなどさまざまな電子メディアが使用される今日，従来の印刷資料の引用に加えて，学術・文化の発展に著作権が大きく貢献してきたことなど，多様なメディアの活用の際には著作権を遵守することの基本的な考え方や具体的な事例をもとにした児童生徒に対するきめ細かい指導が必要とされる。著作権保護は，学校図書館に限らず，個人がメディアを活用する場合においても大切な課題と言えよう。

第7章　学校図書館の施設・設備

1. 学校建築と教育活動

　日本の学校建築は機能的に考えられてきた。児童生徒に対し，一人の教師が黒板に向かって教科書を基本とする知識を一斉に伝える教室の集合体であった。学級という学習集団を固定したものである。建築は講義を聞くための自然の明るさと，一定時間滞在する集団の換気を考慮して4間×5間（7.2メートル×9メートル）の教室を一列に並べるものでよいとする，いわゆる一文字校舎の平行配置が明治中期に確立したといわれている。第二次世界大戦後は，木造の校舎から不燃耐久校舎として鉄筋コンクリート校舎への移行が図られたがその形式は画一なものであった。

　しかし，学校建築もここのところ各地で質の向上，建築空間の多様化が見られるようになってきた。小・中学校，すなわち義務教育施設は地方自治体が建設整備するように法律で定められている。したがって，日本国中で一定の水準が確保されるように国が補助金を交付して，施設の整備を推進してきた。国として教育施設に関与することになることから，施設のあり方についての研究も進められてきた。文部科学省は戦後から施設のあり方を模索し，その方針の基礎的な研究を日本建築学会に委託してきた経緯をもつ。

　たとえば，学校建築の耐震問題である。新潟地震では軟弱地盤の被害から基礎設計の指針が，東北・三陸地震では鉄筋コンクリートの壁のついていない柱の問題が浮上した。阪神・淡路地震では1階部分が柱だけになっているピロティ部分の補強など，断層活動対策から耐震補強指針が普及した。また，建築環境の課題としても通風，換気，空調，防音，遮音などの技術的な研究も進められた。

これと同時に，教育手法を含めたスペースの取り方・面積水準の設定に関わるソフト面の研究も大きい。第二次大戦後すぐの，コア・カリキュラムや中学校で学校運営方式としての午前と午後に生徒を入れ替えるプラツーン型や，教科別の教室群で教科教室型が検討されている。アメリカでの学級王国への危機感，イギリスのインフォーマル教育，フランスの生涯学習など国際的な教育改革動向とも関連する。

　学級集団としても，一人ひとりの学習を大切にする教育が求められ，個別学習やグループ活動，学級のまとまり，学年全体とその学習形態が多様化してきている。それを受けるかたちで，建物も教室と廊下だけだったのが，その使い方に合わせる工夫が試みられていく。限られた整備面積の枠の中から，ワークスペース，多目的室，オープンスペースなどが生みだされ，補助面積基準に組み込まれて行く流れも作られた。中学や高校では，欧米の動向も踏まえての科目別の学習空間の充実から教科教室型を意識したり，生徒の生活の根城としてのホームベイなどもつくられている。

2. 司書教諭・係り教諭・事務職員の役割

　学校図書館の流れでは，戦後すぐに中学校，高等学校を中心に活発な動きがあったが，公立の小・中学校では，専任の司書教諭がいない，図書の置いてある特別教室の一つとして長い間扱われてきた。個別学習や共同指導学習に対応する，新しい傾向の学校建築での図書館の扱いは，図書を教材の一つとみなし，教科や学年などで使いやすいところに分散するという傾向も見られた。

　平成元(1989)年に改定された学習指導要領は，「学校の教育活動を進めるに当たっては，自ら学ぶ意欲と社会の変化に主体的に対応できる能力の育成を図るとともに，基礎的・基本的な内容の指導を徹底し，個性を生かす教育の充実に努めなければならない。」とうたっている。その「配慮すべき事項」で「学校図書館を計画的に利用しその機能の活用に努めること」としている。これが教科書の編集にも「自主的，自発的な学習」を促す記述となる。教師も指導の

面で一斉に知識を注入するだけでなく，基礎的・基本的な内容の指導で，課題学習を工夫することになる。

具体的には「総合的な学習の時間」が平成14(2002)年から実施され，小学校3～6年が週3時間，中学校が週2～3時間，高等学校は時間に幅がある。「国際理解・外国語会話」「情報」「環境」「福祉・健康」などのテーマに基づいて，体験的，問題解決的な学習が展開される。

この方針に沿う形で，学校図書館法の改正で当面12学級以上の学校では，司書教諭を置くことがようやく義務づけられた。このように，学校図書館の役割がようやく具体的な形で問われることになってきた。

平成13(2001)年に改正された文部科学省の「小・中学校施設整備指針」では，図書室を学習関係諸室に位置づけている。図書室は，視聴覚室，コンピュータ室と共に問題解決的な学習における子どもたちの主体的・積極的な利用を促す部屋として，普通教室，多目的教室と機能的な連携に配慮して，その配置を計画することを求めている。

その指針では，小・中学校の図書室の計画に次のように触れている。

(1) 1学級相当以上の机及び椅子を配置し，かつ，児童生徒数等に応じた図書室用の家具等を利用しやすいよう配列することのできる面積，形状等とすることが重要である。
(2) 児童生徒の様々な学習を支援する学習センター的な機能，必要な情報を収集・選択・活用し，その能力を育成する情報センター的な機能，学校における心のオアシスとなり，日々の生活の中で児童生徒がくつろぎ，自発的に読書を楽しむ読書センター的な機能について計画することが重要である。
(3) 司書教諭，図書委員等が図書その他の資料の整理，修理等を行うための空間を確保することが望ましい。
(4) コンピュータ等の情報機器の導入に対応することができるよう面積・形状，家具等を計画することも有効である。
(5) 資料の展示，掲示等のための設備を設けることのできる空間を確保することも有効である。
(6) 図書を分散して配置する場合は，役割分担を明確にし，相互の連携に十分留意して計画することが重要である。

高等学校施設整備指針（文部省平成6年作成）では，「全校の生徒が日常的に利用しやすい位置に配置すること」「必要に応じ，地域住民の学習活動における利用等に対応できるよう配慮すること」が加えられている。

　全国学校図書館協議会では，小学校，中学校，高等学校の図書館で活躍している教師，協議会の担当者と学校建築の専門家が加わり施設基準を作成する委員会を設置した。学校図書館の現場での調査や，現地でも議論を重ね，たたき台ができたところで，全国学校図書館協議会の全国大会で発表し，各地方での議論も吸い上げて作り上げられた。そして，平成2 (1990)年に「全国学校図書館協議会学校図書館施設基準」を策定した。

　施設の基準づくりでの議論は，学校図書館での本来の活動をどう想定するかであった。児童生徒が自ら主体的に深く学習し，その成果をまとめる。本を楽しく読み，人生を豊かにする。そして，レクリエーションを含む文化活動の根拠地だと考えた。

　それらを十分に支える活動としては，図書委員などボランティアをも含めたスタッフの図書館経営，図書サービス，読書・情報活用能力育成の指導・サービスが欠かせない。学校図書館は学校に設置されることから，図書館の分類では学習・研究図書館にあたる。学校全体から見ると，学校の一画に図書館という特別室があるのではなく，教室，多目的スペースなど学習の場が図書館の一部である。言い換えれば，逆に学校の隅々までが図書館との考えた方も含まれる。

　具体的な基準づくりでは，学校図書館としての最低限の活動を想定することから始められた。そこで描かれた学校図書館の基本的な姿は，いつも複数のクラス，すなわち2学級以上の子どもたちが，いろいろな教科の学習を個別に，あるいはグループ別に，図書資料を使いながら学習し，その成果をレポートやパネルに制作している。それに校内各地の教室から半クラス分，ばらばらに20人ほどの児童生徒が調べ物にきている，という風景である。

　学級集団を基本として複数の集団が同時に並行して行う調べ学習などの個人作業と，学校のどこからかメディアを使う子どもたちが集まってくるという展

開が基本である。これには，図書館は常に開かれていること，個別学習に対する指導をはじめとする図書館としての支援活動が欠かせない。これが，2.5学級分の学習スペースを最低とする全国学校図書館協議会学校図書館施設基準の基本的な姿となった。

　作り上げた施設基準では，学校の種類，学級規模別に必要とする面積を，先にあげた目的ごとのスペースの最低必要面積として提示している。交通部分を含む全体面積として小学校で規模別に6段階，中学校で8段階，高等学校も8段階で示している（7-1・2・3表）。たとえば，12学級の小学校では435㎡，15学級の中学校で605㎡，24学級の高等学校で895㎡が本来の図書館活動を展開するのに必要最小限という意味である。ただ，各スペースの面積の合計に，その間を児童生徒と教職員が移動するスペースとしての通路スペースを30％ほどを見ている数値である。

　しかし，基本的には図書館活動が支障のないように展開可能であればよく，図書館という名前の壁で囲まれた部屋の中にすべてが揃うという意味ではない。学校全体のなかで，その用途に応じて多目的スペース，オープンスペース，未利用教室や小部屋の活用で考えることは十分にあり得る。いわば，学校全体のなかで図書館機能が展開されていればよいのである。

　現実には児童生徒数の減少からの空き教室，ワークスペース，多目的スペース，いわゆるオープンスペースの活用も考える必要があろう。建築の構造的な条件から，密集書架の設置には制限があるが，学習スペースとしての書架の配置は工夫しだいのものでもある。学習環境として一定のまとまりが求められることから，全体を見通せない高書架でなく子どもたちの動きが把握できるように，中・低書架での構成も効果が期待できよう。荷重の問題もクリアできることもある。

　学校図書館の位置や配置は，基本的には子どもたちの校内の動きや学習，読書，文化の活動に最もよく対応できる場所が求められる。中学校の例で，昇降口にも近い位置で，集会や食堂としても使えるホール的なスペースに面して図書室が置かれている。それは将来，ホールが学習や作業のスペースに，図書室

第7章 学校図書館の施設・設備

7-1表 小学校の規模別各スペースの最低面積（m²）

スペース 学級数	(1)学習読書視聴	(2)ブラウジング	(3)コンピュータ	(4)配架	(5)受付	(6)スタッフ	(7)保存収納	(8)検索	(9)展示	(10)委員会	(11)教員研究	(12)制作	(13)ネット面積	(14)交通部分	合計
5以下	70	15	20	35	20	20	15	0	0	0	0	0	195	85	280
6	90	15	25	35	20	20	15	0	0	0	0	0	220	95	315
7～12	110	20	30	60	25	25	20	0	0	15	0	0	305	130	435
13～18	155	25	40	80	25	25	25	0	10	15	0	15	420	180	600
19～24	185	30	50	100	30	30	25	10	10	15	15	15	515	220	735
25以上	210	35	55	120	35	35	30	10	15	20	15	15	595	255	850

7-2表 中学校の規模別各スペース最低面積（m²）

スペース 学級数	(1)学習読書視聴	(2)ブラウジング	(3)コンピュータ	(4)配架	(5)受付	(6)スタッフ	(7)保存収納	(8)検索	(9)展示	(10)委員会	(11)教員研究	(12)制作	(13)ネット面積	(14)交通部分	合計
5以下	80	15	20	40	20	20	15	0	0	0	0	0	210	90	300
6	115	20	30	45	25	20	15	0	0	0	0	0	270	115	385
7～9	130	20	35	50	30	25	20	0	0	0	0	0	310	135	445
10～12	145	20	40	80	30	25	20	0	0	15	0	0	375	160	535
13～15	160	30	45	80	30	25	25	0	0	15	0	15	425	180	605
16～18	175	30	50	85	30	25	25	10	10	15	15	15	480	205	685
19～21	200	35	55	100	35	30	25	10	10	15	15	15	545	235	780
22以上	215	35	60	110	35	35	30	15	15	20	15	15	600	255	855

7-3表 高等学校の規模別各スペースの最低面積（m²）

スペース 学級数	(1)学習読書視聴	(2)ブラウジング	(3)コンピュータ	(4)配架	(5)受付	(6)スタッフ	(7)保存収納	(8)検索	(9)展示	(10)委員会	(11)教員研究	(12)制作	(13)ネット面積	(14)交通部分	合計
5以下	110	15	20	55	20	25	20	0	0	0	0	0	265	115	380
6	130	15	35	65	25	25	20	0	0	0	0	0	315	135	450
7～12	150	20	40	80	30	30	25	0	0	0	0	0	375	160	535
13～15	160	30	45	85	30	30	30	10	0	20	0	0	440	190	630
16～18	175	30	50	95	30	30	30	10	0	20	0	20	490	210	700
19～21	190	35	55	100	30	30	35	10	0	25	20	20	550	235	785
22～24	225	35	60	110	30	35	35	15	20	25	15	20	625	270	895
25～27	240	40	65	120	35	35	35	20	20	25	15	20	665	285	950
28～30	255	40	70	125	40	35	40	15	20	30	20	20	710	305	1015

（出典：いずれも「全国学校図書館協議会学校図書館施設基準」全国学校図書館協会議　2001）

が情報のセンターとしての役割を担うとの考えであるという。また，学年1クラスの小規模の小学校では，補助基準の関係から図書室の面積では閲覧室がとれないことから，高学年ブロックの入り口に食堂を兼ねた多目的スペースにコーナーとして書庫を中心に作られ，有効に活用されている例もみられる。それぞれ，使い方の変化と工夫により，より豊かに使いこなす努力が一層求められよう。

　結果として施設基準は，当時の現状や，文部省の指針とかけ離れたものになった。しかし，学校図書館そのものを正面から捉え，そこでの本来の活動を基本としたことが評価された。また基準として公表してきたことが施設整備や図書館活動の指針として一定の役割を果たしてきた。

3. 必要なスペース

　学校図書館として基本的な姿を実現するために，12のスペースが提案されている。いわば，それだけの機能と活動が学校図書館に不可欠であると考えてもいい。これにスペースを結ぶ通路の面積を算定している。

　① 学習・図書・視聴スペース……児童生徒が落ち着いて学習したり，読書したり，グループで調べ学習に取組んだりAV機器を使って視聴している。資料の検索やインターネットでの情報収集で，コンピュータが随所に置かれる。一人ひとりや連れ立っての学習になるので，閲覧机が整然と並ぶ姿ではない。床も座り込めたり，模造紙を広げての作業ができることが望まれる。照明もどこでも一定の照度が確保される必要がある。また，本を通して自分だけの世界にひたれる空間も欲しい。

　② ブラウジングスペース（お話・イベント）……リラックスした雰囲気で自由に雑誌や新聞，軽い読み物などに親しめるスペースである。図書館への導入，気分転換の場所である。しかし，最新の情報に接する場としても重要である。プランターボックスを置いて明るい雰囲気を醸し出すとよい。児童生徒が気楽に集まれる場の一つとなるとよい。

③　コンピュータ利用スペース（コンピュータ）……コンピュータソフトやインターネットを使って情報の検索，収集，加工を行い学習の質を高める作業をするスペース。子どもたちが個人やグループで利用するが，指導しやすいようにカウンターから見える位置が望ましい。

④　排架スペース（書架）……図書，逐次刊行物，ファイル資料，ＡＶ資料，ＣＤ，ＦＤなどコンピュータ関連資料を使いやすいように配置するスペース。低学年向けの絵本，調べ学習に頻繁に使われる事典や図鑑類，手作りの資料など，それぞれの性格に応じた配置が望まれる。書架も高，中，低と排架資料の内容によって使い分け，室内空間の見通しやコーナーの構成に配慮したスペースづくりが必要となる。

⑤　受付スペース（カウンター）……図書資料を貸し出したり，返却を受け付けたり，資料利用の相談に乗ったりする，カウンター周りのスペース。図書館のキーポイントとなる場所である。カウンターの高さ，幅，長さ，そこにどのような器具や収納を組み込むか，形とデザインが重要である。

⑥　スタッフスペース（職員の事務）……図書館スタッフが快適に仕事や生活ができるスペース。司書教諭，学校司書，ボランティア，図書委員と図書館を支える人たちは多い。効率よく，楽しく過ごせる場が求められる。

⑦　保存・収納スペース（書庫）……開架の書棚に排架された以外の資料で，貴重な資料や保存が求められている古い資料などを収納するスペース。利用の頻度は少なく，集密書架が用いられたりする。

⑧　検索スペース（検索）……図書館に所蔵された各種資料を，カード目録やコンピュータで検索するためのスペース。調べ学習などで頻繁に使われ，利用しやすくスタッフの眼の届くところがよい。

⑨　展示スペース（展示）……ポスター類，文集，発表資料，模型，テーマ図書などを掲示したり展示したりするスペース。総合学習の成果や，各種行事の報告や案内など情報センターとしての機能が発揮できる場になる。

⑩　図書委員会スペース（図書委員会）……児童生徒の図書委員会が日常的に活発な活動が展開できるスペース。グループでの共同作業などもあり，その

活動が見通せる関係が望まれる。

⑪　教師の研究スペース（教材研究）……教師が授業のために図書館で研究したり，図書館資料を使って教材研究をしたりするスペース。調べ学習の課題づくりや総合的な学習の時間の教材研究などが図書館で頻繁に行われることになろう。

⑫　制作スペース（制作）……児童生徒および教師が図書館資料を利用して，授業などで使う発表物や教材を制作するためのスペース。学校図書館が学習に活用される重要なスペースである。特に，調べ学習や総合的な学習では，学習成果を目に見える形での取りまとめが不可欠になる。このスペースは，学習スペースの形を変えた場所でもあり，多目的スペースやオープンスペースでの活動と関連を持つであろう。大きな作業机だけでなく，模造紙を何枚もつなぎ合わせての床面を使っての動きも見られよう。

⑬　通路スペース（交通）……それぞれの作業や行為がスムーズに展開できるように通路のスペースを見込む。学校建築での廊下などのスペースが3割程度を占めることを参考にしている。

　これらのスペースの環境条件としては，基本的に普通教室のそれとは差異が少ない。しかし，自発的に，喜んで取り組む学習空間が求められるから，設備の水準は高くなろう。コンピュータの活用も頻度が高くなり，情報関連コンピュータ教室との連携，統合化も課題になろう。図書館の空間構成と設備は，現在，将来とも配置の変化に対応できるフレキシビリティが求められる。

　床の構造は，図書館資料の増加および変化に対応できるように床荷重をあらかじめ算入しておく。書架，ファイリングキャビネット，コンピュータ，ＡＶ機器などの設置，移動を考慮して，最低300kg／m^2の床荷重を見込んだ構造とする。

　図書館の床や通路は，資料や機器の移動にブックトラックなどが使われるので段差のないことが望まれる。壁面は，掲示利用のスペースとして活用される場として確保する。

　図書館の室内は，全体的に明るい色調で低い彩度がのぞましい。仕上げの材

質は，柔らかな味のあるものが求められる。

　図書館内は，外部からの騒音を防ぎ，内部騒音の発生を少なくする構造と仕上が望ましい。遮音性の高い建具，吸音性の高い天井仕上げ，足音や家具の移動に適したカーペットなどが望ましい。また，ＢＧＭ装置を導入してのマスキング効果も期待される。

　図書館では，学習や読書・資料の製作などの活動に必要な明るさを確保する。人工照明による机上の照度は300ルックス以上とする。光源は昼光色がよい。照明器具は均等に配置し，机や書架が自由に変えられるようにする。天井が低い場合はまぶしさを避ける。机の面で利用者自身の影ができないようにする。窓からの自然採光の効果的な活用，局部的な補助採光など，図書館としての効果的な演出も配慮する。

　図書館が二層以上になる場合は，図書資料などの搬送のためにリフトやエレベーターが不可欠である。

　館内での案内やＢＧＭなどの放送設備，校内・校外に連絡できる電話設備，コンピュータ用の通信回線も確保する。コンピュータ，ＡＶ機器，補助採光のための電源用コンセントを十分に設ける。将来の模様替えも対応できるように考慮する。コンピュータ，電動書架，コピー機器などの電源用に十分な電力容量を見込む。

　図書館には手洗いの設備が必要である。児童生徒が使いやすい場所に欲しい。スタッフスペースには，流しと湯沸かしの設備が求められる。

4. 館内のレイアウト

　全国学校図書館協議会では，平成11(1999)年には「夢のある理想的な学校図書館施設」の小学校編を公表している。平成13(2001)年に中学校，高等学校を加えて提案されている。施設についての具体的な提言として「学校図書館施設基準」を基にまとめられたもので，学校図書館のレイアウトの考え方が示されている。

小学校（7-1図）は，12学級で児童数360人（1クラス30人）が利用すると想定した。それぞれのクラスが2日に1時間の調べ学習や総合的な学習の時間で利用すること，図書館は同時に2クラスが授業や学習に利用して，半クラスの子どもたちが個人利用する。読書は1週間に2冊を借りにくる，とういう利用の姿である。

　図書が約2万冊。内訳は調べ学習用1万5千冊，文学作品などその他の図書に5千冊である。図書館を利用する学習の単元を100単元と予想し，児童一人あたり5冊を必要とすれば，100単元×30人×5冊で1万5千冊が必要となる。これにビデオ300本，CD-ROM200枚，LD100枚，CD・カセットテープ500本などが備え付けられる。この図書館を運営する態勢は，専任職員（司書教諭，学校司書）3名，補助職員2名，ボランティア多数を想定している。

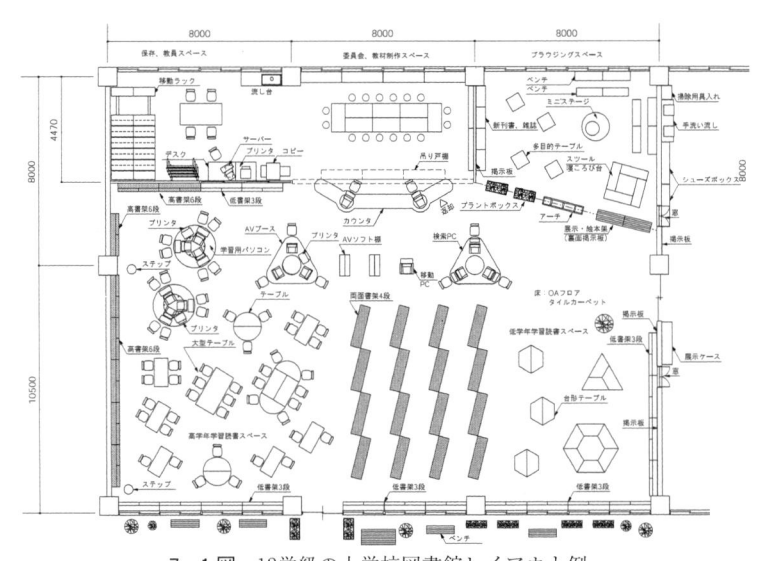

7-1図　12学級の小学校図書館レイアウト例
（出典：「夢のある理想的な学校図書館施設」全国学校図書館協議会　1999）

　図書館の入口を入ると左手に低学年学習読書スペース，右手にブラウジングスペース，正面に検索コーナー，その奥にカウンターを持つ管理の場所がある。4段の低書架で構成される書架群で高学年の学習読書スペースにつながってい

く。児童が使えるコンピュータが6台，業務用5台，サーバー1台。床面積は全体で444㎡である。

同様に中学校（7-2図）は，12学級，図書2万8千冊で，面積は532㎡である。大きな作業台が配置されたグループ学習・制作スペース，活発に議論などができる多目的学習スペースをも含めたレイアウトになっている。

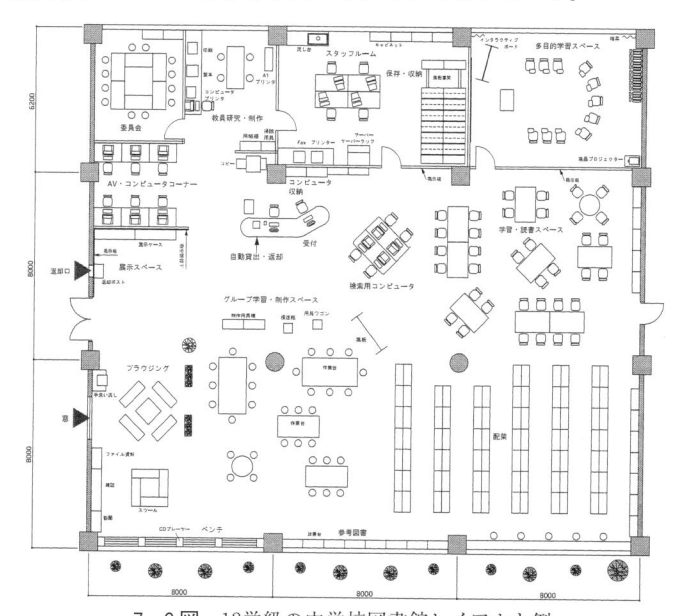

7-2図　12学級の中学校図書館レイアウト例
（出典：「夢のある理想的な学校図書館施設」全国学校図書館協議会　2001）

高等学校（7-3図）は，生徒数720名，24学級に対応し，総面積は900㎡となっている。図書は調べ学習用3万冊，文学作品などその他の図書用1万3千冊，新聞9タイトル，雑誌37タイトル，オーディオソフト1,078本，ビデオソフト978本，コンピュータソフト820本などを想定している。専任職員（司書教諭，学校司書）4名，補助職員2名，ボランティア（保護者，地域の人）多数で運営される。

7-3図　24学級の高等学校図書館レイアウト例
(出典：「夢のある理想的な学校図書館施設」全国学校図書館協議会 2001)

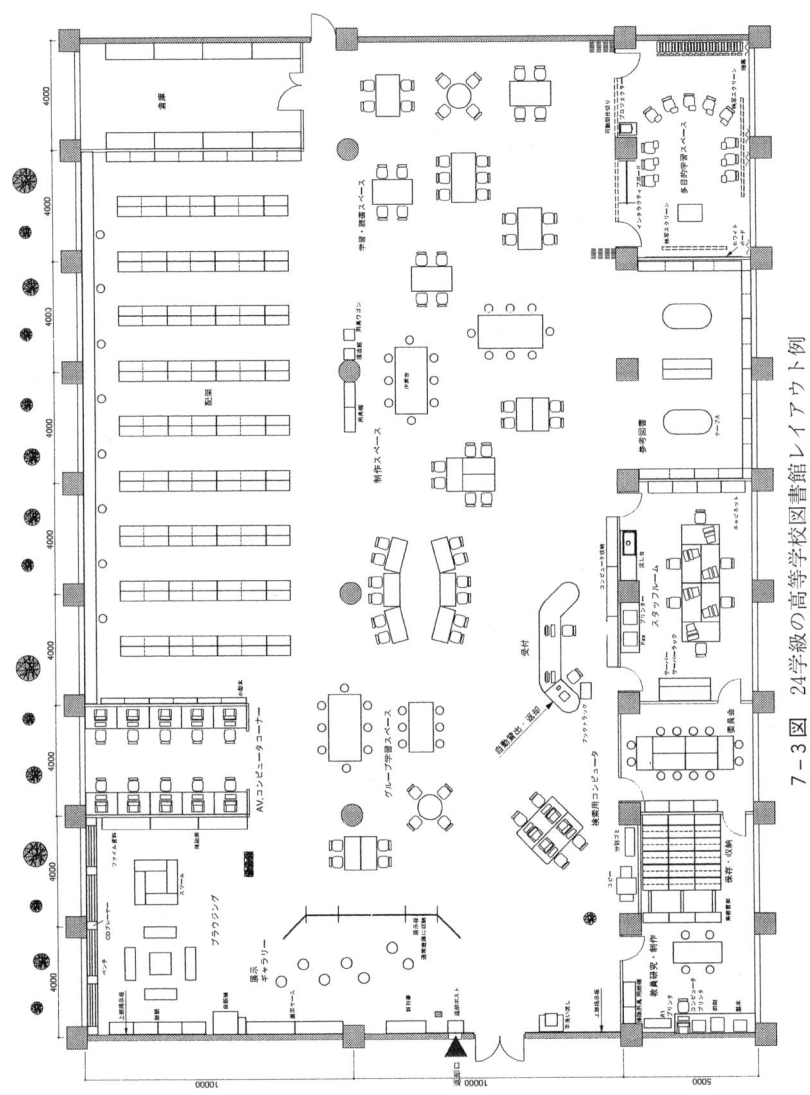

第8章　学校図書館経営のための諸組織

1. 学校図書館経営組織

（1）教育計画と学校図書館経営組織

　学校図書館は学校の教育目標を達成するために設けられている図書館であり，他の図書館とは異なる独自の目的を持っている。学校図書館は，メディアを提供すること，メディア利用のシステムを提供すること，メディアを利用して行う教育活動を支えること，およびメディアや図書館の利用について児童生徒を指導することなどを通じて，学校の教育目標を達成するという明確な目的のもとに設置されている。

　学校図書館がその目的を達成するためには，目的を達成できる経営方法を採用しなくてはならない。学校図書館を教育目標の達成に役立つように経営するためには，学校全体の教育計画策定に図書館として参画することが求められる。学校図書館が教育計画策定に参画することによって，学校図書館は全校の活動を視野に入れて，計画的に，組織的に，意図的に，多様な働きかけを行い，多様な連携活動を行うことが可能になる。カリキュラム編成および学校経営全体を考える学校の中心的な会議に図書館として参画することによって，学校図書館は積極的に活動を展開できる。

　学校は，それぞれの設置母体の教育理念や教育目標を基に，地域の状況も考慮して，自校の教育目標を掲げて教育活動に取り組む。学校図書館が，学校の教育活動全体に対応して組織的に計画的に活動していくためには，学校全体の経営計画の中に学校図書館の活動が位置づけられていることが必要である。学校図書館活動を全校の教育計画に組み入れることなくしては，いま求められて

いる学校教育の改善は実現困難である。いま求められているのは，主体的な学習，個性重視の学習，情報を活用する学習であり，これらは学校図書館の活用による自学能力の育成なくしては成立しない学習であるからである。学校図書館には，自ら学ぶ学習，メディアを活用する学習，画一的でない学習において機能を発揮し，学校図書館の活用によって教育の改善に貢献することが期待されている。

（2） 学校図書館経営組織の役割

学校図書館は，学習情報センター，読書センターとしての機能を担う。教師のためには教材センターとしての機能をも担う。

学校図書館が学習情報センターとして機能するということは，学校図書館が児童生徒の主体的・自主的な学習や創作・発表などを支え，教師の授業設計や教材研究を支え，学校のあらゆる学習活動を支えることである。また，学習情報センターとして機能するということは，児童生徒と教職員が情報を収集・選択・活用する活動，学習活動の成果や情報を蓄積・発信する活動，児童生徒に情報を取り扱う方法や態度，情報の意味や問題点などについて学ばせ，情報リテラシーを育成する活動などの計画と実行を学校図書館が支えることである。

読書センターとして機能するということは，児童生徒の自主的な読書や学習指導と関連する読書を支え，読書への興味関心を高める活動を行うなど，読書に関する活動のセンターとなることである。

教材センターとして機能するということは，教育活動に役立つ教材の提供・制作などを支えることである。

学校図書館が上記のような活動を積極的に展開する時，学校図書館の活動は学校図書館内では完結しない。学校図書館は，館内での活動と並行して，館外の組織や個人に多様な働きかけを行い，館外で多様な活動を展開する。具体的には，図書館内で児童生徒を指導するだけでなく，教師に対して学習に関連するメディアを紹介し，メディアを利用する授業を勧め，メディアを利用して行うティームティーチングを提案し，実行し，児童生徒にブックトークなどで読

書を勧め，読書への興味を育てる活動を展開する。図書を貸し出すことが学校図書館の中心的な役割と矮小化して考える場合には，学校図書館の経営組織などを深く考える必要はあるまい。しかし，これからの教育において果たすべき学校図書館の機能を明確に認識するならば，経営組織のあり方は重要である。学校図書館経営組織を校内で明確に位置づけることによって，全校規模で企画や調整を行うことができ，校内のすべての活動に積極的にかかわることができる学校図書館の経営が可能になる。学校図書館は，単に活動のステージであるだけでなく，さまざまな利用を可能にするシステムであり，さまざまな活動を支援するシステムであり，組織や個人に向けて働きかけ，協力して活動する「活動のセンター」でもある。

(3) 学校図書館経営組織の編成

　学校図書館経営組織の編成に必要なことをあげてみよう。

　1）**独立した組織である**　　学校図書館が多様な活動を展開できるためには，学校図書館の経営を担当する組織は独立したライン組織でなくてはならない。何かに付属するとか，兼務などではなく，「学校図書館をどのように経営するかを考える組織，学校図書館活動を行う専門の組織」として位置づけなくてはならない。

　学校内にはさまざまの組織があり，それらが有機的に連携して活動することによって学校の活動が全体として成立する。小学校と中学校・高等学校ではいくらかの違いがあるものの，学校には学年担任団があり，教科会があり，校務分掌としての部があり，各種の委員会があり，学校経営全体を総合的に考える委員会や会議が設けられている。その他にもさまざまな目的のために，さまざまなレベルで各種の組織が設けられていることが普通である。

　このような中で学校図書館が充実した活動を行うには，学校図書館経営組織が校務分掌の一部門として独立して存在することが基本になる。独立した組織であることを基に，さまざまな場において図書館の立場で発言や提案をすること，学校の経営計画策定に図書館として参画すること，カリキュラム編成など

学校の教育計画策定に図書館として参画すること，などを通じて具体的な図書館活動を展開するのである。

2）**全校的な意見を集約できる**　学校図書館が，校内のすべての組織や個人を対象に活動しなくてはならないことから考えると，校内の多様な立場の意見や要望を集約し，校内の衆知を集めて経営方針を考え，経営計画を立て，校内の全ての部署と連携して活動できる組織が求められる。学年・教科・部などのさまざまな立場の意見や要望を取り入れ，全校的な学校図書館活動を展開したい。

3）**弾力的に活動できる**　学校内のさまざまな活動にきめ細かく対応して活動するためには，幅広く意見を集約することと同時に，組織の意思決定が煩雑でなく，臨機応変に小回りのきく組織であることも求められる。経営方針を広い視野で決めることと並行して，弾力的に活動できることが求められる。

4）**経営を考える組織と活動する組織を設ける**　学校図書館の実際の活動では弾力的であることが求められ，一方，経営計画には広く校内の意見を集約する必要があることから考えると，異なる性格を異なる組織で分担することが有効である。すなわち，経営について考えるために「学校図書館運営委員会」を設け，活動を担当するために校務分掌としての「図書館部」を設けるのである。小規模校では，図書館部のほかに学校図書館運営委員会を設けることは困難かもしれないが，全校的な意見の集約は実際の活動を進めやすくする効果もあるので，意見集約ができる組織編成を工夫したい。

5）**メディア選定組織を設ける**　メディアは学校図書館活動の基盤であり，メディアの整備なくして学校図書館活動の充実は困難である。図書館部，図書館運営委員会のほかにメディア選定委員会を設け，三つの組織によって学校図書館経営に当たることが望まれる。メディア選定委員会は，図書のほか，視聴覚メディア・電子メディアなどの選定にもあたることになる。

2. 図 書 館 部

　図書館部は，学校図書館を経営し，学校図書館活動を行う。図書館部は司書教諭を中心に，校務分掌上図書館部に所属する教師（係り教諭）と学校図書館事務職員（学校司書）で構成される。司書教諭が発令されていない場合，学校司書が配置されていない場合には，図書館部に所属する教師で図書館部を構成する。司書教諭と学校司書の不在を完全に補うことは無理であろうが，専門職の不在によって児童生徒が受ける不利益を可能なかぎり軽減するために，図書館部の教師たちがさまざまな仕事を分担することが望まれる。図書館部は図書館運営委員会で協議され決定された経営方針をうけて活動する。

　校内組織上の学校図書館経営組織は，8-1図のような例が考えられる。

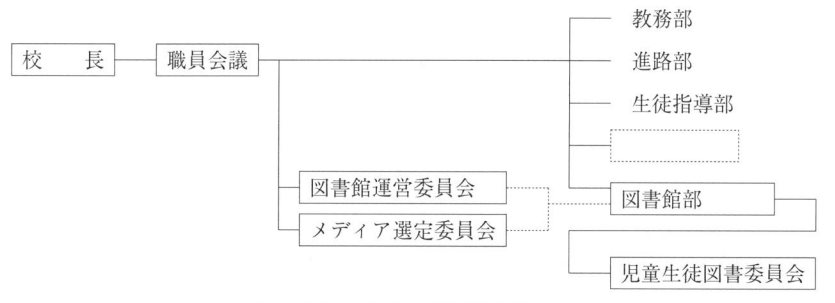

8-1図　学校図書館経営組織の例

（1）　図書館部の役割

　図書館部の活動には，学校図書館を利用できる状態にすること，メディアを収集・整理・保存・提供すること，情報サービスを行うこと，学校図書館を利用して学習や読書をする児童生徒を指導すること，教師の学校図書館を活用する教育活動を支援すること，などの日常の活動がある。学習と連携する図書館活動，読書を活発にする活動，情報教育などもある。図書館経営計画・予算計画・メディア収集計画を立てて図書館を経営すること，各種の委員会や会議に参加することなどもあって活動は多岐にわたる。しかし，図書館部はこれらの

活動すべてを図書館部の教職員だけで行うのではない。図書館部が中心となって活躍するのは，図書館を経営・整備する仕事や，図書館内で児童生徒を指導することなどであり，他の多くの活動は他の部署などと連携して行う活動である。たとえば，図書館が全校の読書推進を図るという場合，計画立案の中心は図書館部であるが，実際に児童生徒に向き合う活動では学年や教科が前面に出ることが多い。図書館が学年や教科と連携する活動でも，図書館部は計画や準備で活動するものの，児童生徒と向き合う活動で図書館部が表面にでるのは一部分に過ぎず，大部分は学年や教科が前面にでることが多い。ティームティーチングで教科や学年の活動に協力する場合でも，さまざまなレベルの協力方法があり，図書館部の活動が児童生徒の前面にでない場合も多い。

　このように，他の教師に働きかけて計画を立てたり，準備に協力することなどでは図書館部が中心になって活動するものの，直接児童生徒に向き合って行う活動では他の教師が表面にでることも多く，図書館部の活動は，他の教師の活動を通じて拡大されるという面がある。図書館部の活動の状況は，他の部署との連携活動がどのくらい展開できるかによって測ることができるといってもよい。このような活動のためには，図書館部の教職員が図書館に常駐できることが重要であり，それが実現できる方法を工夫したい。

（2）　図書館部の活動と分担

　図書館部の活動は部員で分担する。中心は司書教諭であり，責任者も司書教諭が担当するのがよいが，司書教諭ひとりでは活動を広げることはできない。図書館部の主要な活動を項目にして下にあげてみる。

1）サービスと指導
　サービス
　　。閲覧，貸出し，返却，予約，督促，読書相談，レファレンスサービス
　　　（情報サービス）
　学習指導
　　。学年・教科と連携する学習の指導，学年・教科の学習への支援，学級活

動との連携および支援，情報およびメディア活用能力育成指導

読書指導
- 学年・教科・学級と連携する読書の指導，学年・教科・学級の読書指導への支援，読書会・読書週間行事などの指導，読書相談，読書推進活動の計画と実行

情報教育
- 情報教育委員会への参加，情報教育の計画と実行への参加，情報教育への協力と支援，ネットワーク利用の指導

児童生徒図書委員会指導
- 図書委員会活動全般の指導

2）学校図書館の経営

総務的な仕事
- 図書館運営委員会の招集・進行・記録の事務，メディア選定委員会の招集・進行・記録の事務，図書館部会の招集・進行・記録，学校運営会議への参加，カリキュラム編成会議への参加
- 図書館運営計画の立案，中・長期運営計画の立案
- 施設設備の維持管理，物品の購入・管理，諸帳簿類の整備と保管
- 学年・教科・分掌などとの連絡調整
- 校外の研究組織等との連絡

庶務会計
- 予算計画立案，残高管理，発注書類作成，決算報告作成
- 文書受理・管理，統計作成

広報
- 図書館だより発行（教職員用，児童生徒用，保護者用）
- 展示，掲示（図書などの紹介，季節や行事に関連するもの，図書館行事その他に関連するもの）

行事
- 読書まつり，学園祭行事，読書週間行事，読書会，読書感想文募集，文

学散歩，郷土史探訪，講演会
　　メディアの組織化と管理
　　　○メディア収集計画の立案と実行
　　　○メディアの組織化
　　　○メディアの管理，蔵書点検，廃棄
　　ネットワークシステムの構築と管理
　　　○ネットワークシステムの構築・維持管理
　上の各項目について，図書館部で中心になる人とサポートする人を決める。図書館内のサービスや指導は全員で担当する。学習指導や読書指導などで計画的に行う指導については，司書教諭を中心に図書館部教諭がそれぞれの専門を生かして分担する。ネットワーク利用の指導などでは，技術的な条件とともに図書館における情報の扱い方に配慮して適任者を選ぶ。図書委員会指導も適任者があたる。総務的な仕事は司書教諭が担当するとよい。図書館の立場から学校の運営会議やカリキュラム編成会議などに参加するのも司書教諭の重要な仕事であり，経営計画やメディア収集計画を立案する中心を担うのも司書教諭の仕事である。庶務，会計，広報，行事などは図書館部教諭と学校司書で分担するとよい。学校司書は，司書教諭や係り教諭と協力してサービスにあたり，専門職員としてメディアの組織化と管理を担当する。

（3）　図書館部の構成員

　1）**係り教諭**　　図書館部を構成する教職員のうち，司書教諭と学校司書以外の教師で校務分掌上図書館を担当する教師を一般に係り教諭と呼ぶ。図書館部の活動は司書教諭を中心に展開されるとはいうものの，係り教諭の活動は重要である。係り教諭は，図書館を経営する立場の一員であると同時に，学校図書館を利用して教育する立場でもある。図書館をどのように利用してほしいかを図書館の立場で考え，図書館をどのように利用したいかを一人の教師の立場で考えること，この両方の立場から考えることが学校図書館活動の活性化につながるのである。図書館と連携する教科学習においては，専門領域の点から係

り教諭の支援が有効な場合もあろう。

　2）**司書教諭**　　司書教諭は学校図書館の専門職員である。学校図書館経営の中心であり，図書館部の活動の中心である。図書館運営委員会・メディア選定委員会・図書館部の責任者として，これらの会議の招集・進行・記録を担当すべきである。図書館の立場で学校運営やカリキュラム編成に参画し，全校の教育活動に図書館活用を組み入れるように図り，そのような教育活動の実行に当たるのも司書教諭の重要な仕事である。

　学年や教科の学習と連携する図書館活動も，メディア活用能力育成指導も，司書教諭が中心になって計画し実行し，係り教諭や学校司書の協力を得ながら連携活動の充実を図る。

　読書活動においても，全校の読書推進を図ることやさまざまな読書関連活動の推進について，司書教諭は活動の中心となる。実際に児童生徒に読書の指導をするのは司書教諭だけではなく全校の教師であるが，全校的な計画を立て，指導の機会をつくり，準備し，助言し，支援する活動の中心となって活動するのは司書教諭である。

　情報教育については，単なるコンピュータ操作の指導ではなく，情報の意味を考えて情報を選択し活用する力を児童生徒につけさせる情報教育の実現を図る。図書館の立場から学校全体の「情報教育推進委員会」などに積極的に参加し，意見を述べ，積極的な役割を果たすことも司書教諭に求められる。特に高校では，教科としての「情報」との関係を調整しつつ，情報活用能力の育成にあたることも重要になる。

　このような多様な大量の仕事を担当する司書教諭には，専任であることが望まれる。学校図書館を教育に活用することの意味を学校全体で考え，行政の理解を得て，専任化の方策を探りたい。学級担任や教科担任と兼任の場合には，管理職や教務部と相談して，持ち時間軽減の方策を探りたい。現在，非常勤講師の配置などにより，学級制度と教職員の配置を学校の判断で選択して実施できる制度が全国的に進められており，各県や市町村の独自のさまざまな取り組みも報じられている。地域や学校により司書教諭の専任化が実現できた例もあ

り，各地での取り組みが望まれる。司書教諭の専任化や時間軽減が実現できない場合には，図書館部担当者全員で分担して活動することになる。

3）学校司書　学校図書館には司書教諭と学校司書が必要であるが，第3章にもあるとおり，学校司書という職名は法的には制定されていない。現在，全国にはさまざまな職名・資格・待遇で，学校図書館で働く職員が配置されていて，この職員全体を一般に学校司書と呼んでいる。制度が整っていないため，資格・経歴や学校・自治体の状況によって，学校司書が担当している仕事はさまざまであるが，学校司書が担当すべき仕事として明らかな領域は存在する。学校司書は，メディアの組織化，メディアの提供・管理，児童生徒および教職員に対するサービスを担当し，図書館部の一員として活動する。学校司書は，児童生徒にとっては質問や相談に応えてくれる身近な存在であり，学校図書館には司書教諭と学校司書が必要である。

学校図書館のサービスは公共図書館のサービスとは違って，サービスの形をとって行われる指導である。司書教諭や係り教諭は教師の立場を基に活動するが，学校司書はメディアやサービスに関する専門的な立場を基に活動する。

3. 図書館運営委員会

図書館運営委員会は，学年や教科などを代表する委員によって構成される。この委員会は，図書館部が立案する図書館運営方針や図書館運営計画や予算計画について協議し，その結果を職員会議に提案する。図書館部は図書館運営委員会と職員会議での協議をもとに，実際の活動を担当する。図書館運営委員会は，学校図書館が全校規模の活動を展開するために，実際に機能するものとしなくてはならない。単に形式的に設置するだけでは，意思決定が煩雑になるだけである。図書館運営委員会で協議する事項は，図書館部が提案するものもあり，各委員が所属教科や学年から持ち寄るものもある。

図書館運営委員会は常時開催するものではなく，年度の始めと終わり，あるいは学期の始めなどに開催して，運営方針・運営計画・予算計画・決算報告，

中・長期の運営計画について協議する。必要に応じて随時開催してもよい。

　図書館運営委員会のメンバー構成は，校内のさまざまな部署や立場の意見・要望・提案を集約できるようにする。一般的には，小学校では学年の代表と専科代表によって構成する方法が適しており，中学校や高校では教科代表で構成するか，教科代表に学年代表を加えて構成する方法が適している。必要に応じて教務部・進路部・事務室からのメンバーも加えるとよい。

　図書館運営委員会の委員長は司書教諭が担当するとよい。司書教諭が配置されていない学校の場合には，図書館部所属の係り教諭の中の適任者が担当する。運営委員会の会議を招集する事務は図書館部で，図書館部の教職員も委員会のメンバーとして参加することが望まれる。

　図書館運営委員会の設置理由として追記したいのは，全国的に見られる図書館部の小規模化である。学校の小規模化の進展に伴って，図書館部の構成も小規模化している。全国学校図書館協議会の調査によれば，平成13(2001)年度の全国の学校図書館担当教員数は，小学校で1校平均1.9名，中学校2.0名，高校3.7名である。この人数では，全校の活動を視野に入れて経営計画を立て，意見や要望や提案を取り入れて活動し，連携活動を計画・実行することは困難であろう。図書館運営委員会の組織を活用して活動の拡大を図りたい。

4. メディア選定委員会

　学校図書館がメディアセンターとしての機能を発揮するためには，メディア構成が適切になされていることが前提になる。適切なメディアを選定し収集を進めるために，メディア選定委員会を設けたい。

　1) **選定委員会の役割**　　学校図書館が，どの学年の学習にも役立ち，どの教科の学習にも役立ち，児童生徒の読書を活発にすることに役立ち，情報活用能力育成に役立ち，さらに校内のあらゆる活動に役立とうとするならば，どの学年の学習のためにどの時期にどのようなメディアを準備しておく必要があるか，どの教科の学習のためにどのようなメディアをどのくらいの種類と数量で

準備しておく必要があるか，全校のカリキュラムと照らし合わせつつ，計画的にメディアを準備しておかなくてはならない。このようなメディア構成を実現するために，メディア選定委員会は，メディア選定方針を定め，方針に基づいて計画的に選定を進める。児童生徒の興味・関心に応えるメディア，児童生徒の新たな興味・関心の啓発に役立つメディア，興味・関心を拡大したり深めたりするのに役立つメディアを収集し，自校にとって最善のメディア構成を限られた予算の中で実現しなくてはならないのである。

　学校の教育活動は，地域により，学校により，学級により，教師により，あるいは児童生徒の状況により，さまざまな方法で展開される。どのような教材を使用してどのような授業を行うか，児童生徒にどのような活動をさせるかについては，さまざまな授業設計や指導計画があり得る。学校で行う活動すべてについて多様な取り組みが可能であり，また，多様な取り組みが期待される。その多様な教育活動をメディアセンターが支えるためには，さまざまな教育活動がどのように進められるかあらかじめ知っておき，必要なメディアを準備しておくことが必要となる。教科と図書館が連携する学習活動では，計画の段階から図書館が参加することにより，メディアの実態に即した指導計画を立てることができ，指導計画にあわせてメディアを準備することができる。学習がどのように進められるかを考慮してメディア収集を行うことで，学校図書館が教育課程の展開に寄与できる程度を高めることが可能になる。

　総合的な学習の時間では多様なテーマや手法での学習展開が予想されるため，メディア収集には入念な準備が必要となる。学校行事・クラブ活動・ＰＴＡ活動など学校のすべての活動に対しても同様の目配りが必要である。

　2）**選定委員会の構成**　　選定委員会は，自校の教育計画に適したメディア構成が実現できるように組織する。そのためには，小学校では学年から委員を選ぶ方法，中学・高校では教科から選ぶ方法が適している。必要に応じて，小学校では専科からの委員を，中学・高校では教務部・進路部や学年からの委員を加えるとよい。小規模な学校で各学年からの選出が困難な場合には，選出方法を工夫するとよい。

選定委員会には，図書館部のメンバーも参加すべきである。会議を開催する前に，選定に役立つ情報を図書館部から教科や学年に渡しておき，検討しておくように求める。このような図書館部の事前の準備が会議の結果に大きく影響する。管理職・分掌・委員会などに対してもメディア情報を事前に渡しておき，要望を選定委員会に寄せるように求めることも勧めたい。単にメディアだけでなく，図書館活動全体への関心を深める効果も期待できるからである。

3）メディア選定委員会の任務　メディア選定委員会は，学校図書館のメディア構成全体に対して責任を負う。そのためには，図書館部の提案をもとにメディア選定方針を決め，更新や廃棄の方針を決めて選定を行う。各選定委員は，自分の担当する教科・科目や興味のあるテーマについてのメディアを推薦することだけが任務ではなく，学校図書館全体のメディア構成を考えながら，教科の立場から選定するのが任務である。たとえば中学・高校の理科の選定委員は，生物・化学・物理・地学など理科の全分野の選定をその任務とし，同時に学校全体のための選定を任務とする。そのため，選定委員には教科や学年の学習の進め方について状況を把握し，それに必要なメディアを選定し，児童生徒の人間としての発達に必要なメディアについても選定することが求められる。

4）選定方法　メディア選定会議は定期的に開催する。開催の間隔は学校の状況に応じて適宜決めるとよいが，選定回数が少ないと新鮮味が少なく魅力の薄いメディア購入になりやすい。

選定委員会を開催し，進行を担当する事務は図書館部である。委員長には司書教諭またはそれに係り教諭があたるとよい。学年や教科からのメディア推薦が不十分と考えられる場合に，それを補うのは図書館部の仕事である。選定委員の任務も重要ではあるが，メディア構成の最終的な責任は司書教諭を中心とする図書館部にあることを明確にしておくことも忘れてはならない。各委員の選定から漏れているメディア，児童生徒が読書を楽しみ心を開くことに役立つメディア，学校図書館の基本メディアとしての参考図書や基本図書などについても目配りをして，全体のメディア構成を考えつつ選定に当たるのは図書館部

と司書教諭の責任である。

　次に考えなくてはならないのは，教師と児童生徒からの要望の扱い方である。教師用メディアの選定は，教科任せにせず，選定委員会にかけることを原則としたい。教師用メディアの購入については，学校図書館のメディア構成全体を考え，図書館予算全体を考えて，図書館としての方針を明確にしておくとよい。児童生徒の要望に対しては，どのようにとり扱うか，要望への回答をどのような方法で行うか，児童生徒に知らせておくことも重要である。

　メディアは選定委員会を経て購入するのが原則であるが，図書館部の判断で購入する余地を残しておくことも重要である。急に必要になったメディア，話題のメディア，児童生徒に人気のメディアなどは，図書館部または司書教諭の判断で購入できるようにすると，児童生徒の興味関心に迅速に対応できる。

　図書館は図書以外のメディアの選定も行わなくてはならない。調べ学習や総合的な学習においては，図書以外の新しいメディアの利用は不可欠であり，多様なメディアを準備しておきたい。新しいメディアの選定については，網羅的で信頼性の高い流通情報が得難いので，電子メディアなどの流通情報に詳しい教師を選定委員に加えるとよい。

5. 児童生徒図書委員

（1） 児童生徒図書委員会活動の意義

　児童生徒の図書委員会活動は，これまで学校図書館のサービスに大きく貢献してきた。貸出しや返却の仕事のほかに，図書の装備などを児童生徒図書委員が担当している例もある。自主的に委員会独自の活動を行っている学校はまだ多くはないが，図書委員会活動を単にボランティア活動や趣味的な活動にとどめるのではなく，教育活動として特別教育活動などに位置づけることも重要であろう。

　児童生徒図書委員会活動の意味としてまずあげられるのは，全体への奉仕で

8－2図　図書委員が貸出しをしているところ
（浜松市立可美小学校）

ある。図書委員は自分たちの力でできることを担って，全体のためにサービスする。次にあげられるのは，活動に参加することによって多くを学ぶことである。学校図書館という大きなシステムがどのように構築されているのか，そのシステムはどのように動いているのか，活動の中で学ぶことができる。学問の広大な世界がどのように秩序付けられ整理されているのか，大量の情報はどのように整理されているのか，どのようにすれば早く的確に検索でき利用できるのか，実際の活動の中で学ぶことができる。メディアを活用することで学習がどのように広がるかも体験から学ぶ。学年の異なる児童生徒にサービスする中で，図書館の利用法や人との交流についても学ぶ。

　児童生徒図書委員は，委員会組織を自分たちで動かしていくことからも学ぶ。すなわち，どのような活動を計画するか，どのように計画を実行に移すか，分担をどうするか，どこへどのように協力を依頼すると仕事が円滑に進められるか，多くの人の力をどのようにして借りるか，どのような活動が多くの人に喜んでもらえるかなどについて，自分たちで活動を計画し展開することから学ぶのである。図書委員会活動を，総合的に学ばせる教育活動と捉えたい。

（2）　児童生徒図書委員の選出

　多くの学校では，立候補・推薦・選挙などで学級ごとに2名の図書委員を選出している。図書館活動が活発な学校では図書委員の希望者が多く，抽選で選ぶ例もあり，3～4名までなら全員を図書委員とする例もある。中学校や高校では全学年の全学級から委員を選出するが，小学校では中学年以上になろう。

　図書委員の任期は1年とする学校が多い。学期ごとの交代では活動が円滑に

進み難いからである。再任を妨げない学校が多いが、交代させながら多くの児童生徒に図書委員経験をさせたいとの声もある。

(3) 児童生徒図書委員会活動とその指導

児童生徒図書委員にどのような活動をさせるかについては、図書館部で十分な協議が必要である。児童生徒に活動させるのが適している分野、本来は職員が担当すべき分野、ボランティア導入や外部への委託を考えるべき分野などについて整理する必要があろう。現在、校種を問わず共通している児童生徒図書委員の活動は、貸出し、返却、督促、予約、簡単な情報サービスなどである。

児童生徒図書委員会の自主的な活動については学校ごとに大きく様相が異なっている。小学校では、高学年の図書委員が低学年向けに読み聞かせを行っていたり、読書まつりの行事を自主的に実施したりする例が各地にある。中学校では、文学作品から紙芝居を制作し、読書週間に発表している例や、近隣の中学校で合同読書会を開催する地域もあり、企画・実行に図書委員が力を発揮している。高校では、特色のある新聞を発行する例が多く、読書会・講演会を開催したり、理想の学校図書館像を追求して文化祭に発表した例もある。毎年、県内の高校生図書委員が集まって勉強会を開催し、活動の記録を立派な記録集として刊行し続けている地域もある。

児童生徒図書委員会には自主的な活動が望まれるが、そのためには教師の指導と助言が重要である。主体的な活動を育てる指導が望まれる。

第9章　学校図書館の会計

1. 会計処理のあり方

　学校図書館の活動は，予算の裏付けによって実現される。学校図書館がメディアを収集し，環境条件を整えて，教育課程の展開に寄与する活動および児童生徒の教養の育成に寄与する活動を実際に行うためには，その活動を実際に展開するための予算が適切に計上され，適切に執行されるシステムが確立していなくてはならない。予算があればそれだけで学校図書館活動が充実するわけではないが，予算なしでできる活動は限定される。予算の獲得には活動の実績が必要であり，活動には予算が必要である。計画的な活動を重ねながら予算を獲得していくことによって，活動をいっそう充実させることができる。

　学校図書館の会計処理は，公的な会計の原則に基づいて行われなくてはならない。すなわち，正確であること，能率的であること，計画的であること，各種の証拠書類や諸帳簿が整っていること，公開できること，などである。多くの場合，学校図書館の会計処理では，業者への発注，金銭の出納，公的会計帳簿の記帳や保管などの公的な仕事は学校事務担当者が行うことになっており，図書館部としてかかわるのはそれ以外のことになる。その内容は，予算計画を立てること，その計画を図書館運営委員会の協議を経て校内の財務委員会に提案すること，財務委員会および職員会議を経て校長の承認により予算が決定した後に，購入するものと購入時期を決定し，業者への発注を事務担当者に依頼すること，予算残高を把握し適切に計画的に支出すること，年度末に決算報告をまとめて図書館運営委員会および職員会議に報告することなどである。

　図書館会計の処理方法は，公立学校と私立学校では違いがあり，小・中学校と高等学校でも多少の違いがある。公立学校では，設置母体である自治体の会

計規則に基づく処理が必要で、私立学校では法人の会計規則によって処理することが必要である。

　図書館の会計は、図書館部のだれが担当してもよい。会計担当者が行うのは、図書館の予算計画を図書館部としてまとめること、事務担当者と連絡して支出状態を把握して予算差引簿を作成し、支出が適切に計画的に行われるようにすること、年度末に決算をまとめ図書館部会に報告することである。図書館運営委員会と職員会議への提案や報告は、図書館部として行うことになる。

　小・中学校では、会計に関係するほとんどを事務担当者が行うため、図書館部職員が図書館予算を把握していないこともあるが、学習に役立つ図書館を実現するためには、図書館として学校の予算編成に参画すること、図書館予算の枠を把握すること、支出残高を確認することなどは欠かせない。高校では、発注事務と金銭の出納は事務室で担当するものの、図書館会計の全体を図書館部で把握している例が多い。

　実際の支出方法については、計画的に支出すること、適切な時期に適切な方法で支出すること、を強調しておきたい。年度始めや年度末にまとめて一年分の図書を購入する方法などでは、児童生徒にとって魅力的な図書館とすることは困難である。新しい図書や各種のメディアが、次々に新着メディアとして展示されたり紹介されることによって、児童生徒は生きて動いている図書館を実感するであろう。充実したメディア構成のために計画的に支出したい。

2. 予算編成のプロセス

(1) 予算決定のしくみ

　公立の学校では、学校を設置している自治体から学校経営のための予算が措置される。校内予算の配分方法は小・中学校と高校で違いがあり、自治体や学校による違いもある。小・中学校では、あらかじめ使途を指定して自治体から予算が措置される例が多いが、高校では、費目枠内の使途は指定されていない

ことが多い。図書館費として学校に措置される金額の決定方法は自治体によって異なり，校種ごとに各校に均一の図書館費を措置する自治体と，学級規模などに比例して措置する自治体がある。均一予算は大規模校の図書館経営には不都合なことが多く，規模に比例する予算では小規模校の図書館経営に不都合が多い。学校単位の金額，学級数と児童生徒数に比例する金額を積算する方法が望まれる。

　小・中学校では，図書館費のほとんどが図書購入費という学校も多く，図書館経営に必要なその他の費用は，図書館経費でなく学校全体の費目から支出する学校も多い。教職員数が少なく，予算規模も大きくない小・中学校の実情に合っているのではあろうが，年度によりあるいは他の部署との関係により，図書館で必要とする金額が確実に得られるとは限らないことが難点である。必要な経費が確保できる方法を考えておくことも重要であろう。

　公立高校では，予算は費目別に分けて自治体から措置されるが，費目内の運用はある程度学校の裁量に委ねられる例が多い。多くの公立高校では，管理職も加わる財務委員会などを設けて，校内の各部署からの予算要求について協議し決定する方法をとっている。図書館予算が決定される過程をたどると，図書館部で立てた予算計画は，図書館運営委員会の協議を経て校内の財務委員会に提出される。財務委員会は各部署から出された予算計画全体について協議し，学校全体の予算案を作成し，職員会議に提案する。予算案は職員会議の協議を経て，校長の承認により決定される。図書館部として支出が可能となるのはその後である。

　予算計画を立てる際に勧めたいのは，活動に必要な費用を，会計上の費目に関係なくすべて書き上げてみることである。その中に図書館予算として計上し難いものがあれば，ふさわしい部署で計上されるように図ることも必要になる。

（2）　費目別内訳

　図書館経費にはさまざまな費用が含まれるが，最も大きいのは図書などのメディア購入費である。学校図書館の現代化のためには，図書，新聞，雑誌など

の印刷メディアの他に視聴覚メディアや電子メディアなども必要である。学校図書館として必要なメディアの種類と数量は、文部科学省の「学校図書館図書標準」（平成5年）および全国学校図書館協議会の「学校図書館メディア基準」（平成12年）が参考になる（巻末資料9・10参照）。

　学校図書館には教職員用メディアも必要であるが、教職員用のメディアの購入費をどのくらいにするか、どの程度の内容のものまで購入するかという点について、あらかじめ方針を明確にしておくと一貫した対応ができる。

　図書の会計上の取り扱いは、自治体により異なる。価格によって備品扱い図書と消耗品扱い図書を分けている自治体では、予算区分もそれに従って扱うことになる。ある自治体は単価2万円以上の図書を原則的に備品として扱い、2万円未満の図書は消耗品扱いとしているが、別の自治体では図書はすべて備品扱いとしている。学校図書館で文庫本まで備品扱いすることは教育上は適切とは言い難いので、改善の必要があろう。

　学校図書館の経営には、メディア購入以外の費用も必要である。整理に必要な費用、製本や修理に必要な費用、家具や機器の購入・維持の費用、展示・掲示・行事などに必要な費用、印刷や広報に必要な費用、施設の管理運営に必要な費用などである。メディア購入費だけでは図書館活動はできないが、それ以外の費用が多くなりすぎることも避けなくてはならない。特に、施設の維持管理の費用を図書館経費に含めることは避けるべきである。情報化に伴うコンピュータ関連経費の増大で支障がでている例もあるので、図書館機能の拡大について全校の共通理解を図りつつ、適切な予算が確保できるように努めたい。

3. 予算編成にあたって

　学校図書館の仕事は息の長い仕事である。期待される教育上の機能を果たすために、3年後、5年後、10年後を考える学校図書館経営計画・予算計画を立て、各年度の重点目標を設定することを勧めたい。中・長期計画の一環として各年度の計画を立てることにより、全校的な理解が得やすくなり、改善を着実

に進めることが可能になる。

　継続的な経営のために決算報告は重要である。その年度に実現できたこと，できなかったことを的確に報告することで，次年度の計画が立てやすくなる。

　学校図書館が学習で役立つようにメディアを整備するには，限られた財源を全分野にバランスよく配分する方法の繰り返しは効果的とはいえない。実際に図書館を利用して学習する教科や，課題学習のテーマなどに重点をおいて予算を投入することで，学習に役立つメディア構成を早く実現できる。年度ごとに重点分野を移動することによって，メディア充実を図りたい。

　学校図書館の大規模な改善のためには，特別な予算の獲得も考えたい。国や県や市町村のレベル，あるいは団体や企業が実施しているさまざまなプロジェクトに参加することで学校図書館改善を一挙に進めることが可能な場合がある。行政との連携活動，同窓会やＰＴＡとの連携活動，地域や団体と協同でプログラムを立ち上げることなども考えるとよい。公立学校における学校図書館経費の私費負担も各地に散見されるが，これは早晩解消される必要があろう。

　これからの時代，学校はそれぞれ個性を持つことが求められている。学校図書館を中心に独自のプログラムを立ち上げることも考えるとよい。

　次に，図書館として把握しておくべき会計上のことがらをあげてみる。
　①　学校内で予算を決める仕組みはどのようになっているか
　②　予算決定の仕組みに図書館はどのようにかかわっているか
　③　自治体から学校に措置される予算はどれだけか
　　　それは費目ごとにどのように分けてあるか
　④　学校予算は各分掌などにどのように配分されているか
　⑤　予算決定組織（たとえば財務委員会）と図書館部の意志疎通は十分か
　⑥　図書館会計担当者と事務室の会計担当者との意志疎通は十分か

　これらを把握しておくことにより，学校図書館の経営をいっそう計画的に進めることが可能になるであろう。

第10章　学校図書館経営

1.　学校図書館経営と管理

　「経営」という言葉には，事をなすに当たって，まずその土台をつくるという計画的創造的な意味が込められている。一方「管理」という言葉は，物事を治めるという意味がある。したがって，物事を治めるための規範や基準の存在が管理の前提となる。この規範や基準の策定は，言うまでもなく「経営」の範疇に属することであり，このことから「経営」と「管理」は，表裏一体の関係にあるといえる。経営機能が意思決定に関する働き，つまり創意機能として，また管理機能がその決定された事柄を執行するに際して出てくる働き，つまり執行機能として説明される。なお，経営には管理が必ず伴うことから，管理を経営の内在的機能とみることができる[1]。

　以上の考え方を学校図書館経営に当てはめると，学校図書館経営とは，図書館が学校の教育目標の達成を図る上で必要な各種の計画を立てる一連の創意機能であり，学校図書館管理は，図書館経営にもられた創意機能を実現化する機能，すなわち執行機能で，広義には学校図書館経営の内在的機能として考えることができる。

　次に，学校図書館経営計画の重要性について触れておく。

　学校図書館は，海図をもたない舟のように，ただ無計画に日常的な業務を行っていたのでは，学校教育の目標を支援するという学校図書館の目的も任務も果たすことはできない。学校図書館経営計画とは，学校図書館が学校の教育目標を達成できるように実践する「教育課程の展開と児童生徒の教養の育成に資

---

[1]　久高喜行・仙波克也編著『教育経営』ミネルヴァ書房　1992　p.4.

する」という目的や目標[1]を達成するための道筋を明示するためのものであり，どのような組織をもって，どれくらいの予算で，どのような活動を，いつ，誰が，どのように展開すればよいか，といった計画を立てることである。

2. 学校図書館経営計画策定プロセス

　学校図書館経営の過程（プロセス）を機能的に分析すると，いくつかの要素に分けられる。それは学校経営の場合と同様に，Plan（計画），Do（実施），See（評価）の三つの過程に分けられる。それは，まず計画を立て，その計画にしたがって実施し，その結果を計画との関係で検討・反省し，さらにその検討・反省をふまえて，次の計画を立てるという一連の関係である。そして，この一連の関係は，十分な検討・反省の上に立って次年度の計画を立てるということから，螺旋状に発展していく関係であって，いつも同じことを繰り返すという関係ではない[2]。図書館経営の過程も，このような計画過程，実施過程，評価過程の三つの過程を連続的，発展的に総合したものである。

　計画過程とは，計画の立案から決定にいたるまでの過程をいう。そして，経営計画は現状分析の結果を基に立てられ，それ自体が目的ではなく，図書館の目標達成に向けられた手段であって，計画されたことを実行することによって図書館の目標達成によりよい成果が現れなければならない。

　1）現状の分析・評価と課題の発見　　経営計画立案に当たっては，最初に図書館の現状を客観的に分析・評価する必要がある。つまり学校の教育目標達成を支援する学校図書館サービスが，どのよう行われているのか，次の諸点についての検討が行われる。

① 図書館運営組織について
② 学校図書館メディアについて（質的・量的）

---

1) 目的は組織が目指すゴールを意味し，目標はゴールに到達するために明確に設定された通過点（具体的諸課題）を意味している。高山正也ほか『図書館経営論』樹村房　1997　p.77.
2) 久高喜行・仙波克也　前掲書　p.10.

③ その裏付けとなる図書館予算について
④ 施設・設備について
⑤ 校務分掌上の図書館の位置づけについて
⑥ 図書館担当係り教諭や生徒図書委員会について
⑦ 教科学習と図書館の利用や情報活用能力の育成について
⑧ 広報活動について

　これらの図書館経営全般に関連した諸項目について詳細に調査・分析・検討し，正しい現状認識に立ち，改善すべき課題は何かを見きわめる。ただし，すべてに渡って一度に調査・分析を行うことは，人的にも時間的にも困難であろう。そこで，優先順位を決めて，最も問題と思われる項目を2,3あげて検討を加える。そして，2,3年のうちに全般にわたる検討ができるように計画するようにする方が，実現が容易と思われる。すべて，持続的に行うことが図書館経営において最も肝要なことと言える。

　たとえば，学校図書館メディアについて，質・量ともに基準を満たしているか，全教育課程からの要求に応えられるコレクション構成になっているか，施設・設備は基準を満たしているか，児童生徒に対して情報活用能力の育成に関して積極的に働きかけをしているか，図書館はすべての教育活動を支援する活動を行っているかなど，図書館の根本的役割について，全体的総合的に検討してみることである。

　調査方法については，アンケート調査をはじめ，面接調査の形式でもよいし，調査対象は児童生徒・教職員と図書館のサービス対象すべてに対して広げることが望ましい。そして，その調査の分析結果から，いくつかの改善すべき課題が明確になったら，短期・中期・長期の改善のための経営計画を策定することである。

　2）経営計画の策定　　学校図書館経営では，学校図書館メディア，施設，司書教諭・図書館事務職員・係り教諭を基本にして，図書館利用者である児童生徒の学習とこれを指導する教師の指導活動を支援し，学校の教育目標達成を，どのように支援できるのかについて計画を策定することが問われている。そし

て，そのような計画は，前述の諸項目について，調査から得られた現状を，文部省や全国学校図書館協議会が作成している各種規準を参照するなどして分析し，その結果，明確になった改善すべき課題を踏まえて策定される。

　課題として，学校図書館メディアについて，施設について，人について，情報活用能力育成について，教科との連携について，児童生徒図書委員についてなど，各項目について多数の問題点が顕在化するだろう。しかし，一度に多くのことを改善計画の中に入れても，図書館の持つ人的資源にも時間にも限界があることから，単年度に改善したいことをすべて行うことは不可能である。したがって，短期・中期・長期の経営計画を策定することが望ましい。さらに，単年度の計画についても，あまり多岐にわたることは避けるべきである。図書館がおかれている人的・物的・予算的条件を勘案して決定されることが肝要である。

　たとえば，学校図書館メディアについて，量的に不足であるとして，これを単年度で補うことは，予算にも限りがあり難しい。一般的なメディア収集をしながら，本年度は理科の分野を，次年度は産業の分野を補なうというように，3年から5年にわたるメディア収集計画を立てることである。また，教科学習との連携を強め学校図書館メディアの利用をより促進することを課題とする経営計画を立てたとすると，これには年間指導計画を立てる必要がある。具体的には，各教科・道徳・特別活動・総合的な学習の時間に関して，各学年相互の関連を図りながら，系統的，発展的な指導ができるように作成される。これも短期・長期の展望にたって立案される必要がある。それには，情報活用能力育成のために学年別・項目別の体系表を用意することも必要になってくる。そして，もし，時間割に司書教諭が使える時間が設定されていない場合は，図書館側から積極的に教科教師に働きかけて，たとえ年に一時間でも図書館として活用できる時間を持てるように努力することが望ましい。

　また，図書館の意義を児童生徒に教師にも理解してもらい利用を活発にさせるには，展示，読書会，メディアの紹介など図書館利用促進活動に含まれる広報・行事・集会活動を巧みに学校の全教育活動の中に織り込んで年間計画作成

に当たることが，学校の教育目標達成に寄与する学校図書館としては最も重要なことあり，今日の学校図書館が担う最重要課題である。

　3）**実　施**　短期・中期・長期の経営計画が決まったら，次に，これをどのように実施するかその方法が検討される。これには司書教諭も図書館事務職員も係り教諭も図書館関係者全員でアイディアを出し合って，その方法について検討することが良い結果を導きだすことへつながる。そして，誰が責任をもって実施に移すのか，もちろん，司書教諭が中心になって実践されるけれども，係り教諭や事務職員の間で責任を分担する必要がある。実施に当たっては，どのように分担するか，すべての計画について実施責任者を決めておくことが重要である。この際，学年段階に応じて児童生徒図書委員にも，貸出統計を取るなど，彼らのできる範囲内で責任者になってもらってもよい。

　情報活用能力育成のための年間指導計画は，学校教育の現状からみて，学期初頭にきちんとした年間計画を立てることが難しい場合も予想される。その際は，学期の半ばでもいつでも，臨機応変に対応することである。そして，情報活用能力育成の年間指導計画作成に関しては，まず何学年で何を習得するかを明示した体系表が必要になる。また，読書会をはじめ，児童生徒の読書活動の推進には，ブックトークなど，その場で対応を求められることが多いと思う。これについても，その都度対応することはもちろんである。

　つまり，図書館経営には，「学校図書館メディアの構成」「学習指導と学校図書館」「読書と豊かな人間性」「情報メディアの活用」と，司書教諭養成課程に含まれるすべての知識・技能が必要とされるし，それらを結集して学校図書館の目標達成に向けて有機的に結合させて図書館経営計画を策定し実施することが最も重要なことでなのである。

　4）**評　価**　評価に関しては，当初の意図がどのくらい達成されたかを検討することから始められる。それは，最も簡便に数量的な検討から始められるだろう。たとえば，図書の利用を高めようとした場合ならば，貸出冊数の増減も一つの指標になるだろうし，図書館メディアの利用と教科学習・教師との連携の場合は，教師との打ち合わせの有無やその回数，あるいは図書館で教科学

習が行われた回数などが評価の一つの指標になる。しかし，貸出冊数のような数量的な指標だけで図書館活動の成果を評価することは，簡単ではあるけれども余り好ましいことではない。貸出冊数だけを基準にして図書館活動を考えたのでは，貸本屋とどこが違うのかという議論になりやすく，それでは学校図書館の存在理由は稀薄になってしまう。学校図書館の目的を考えて，本質的な部分で評価することを忘れてはならない。

　学校図書館が問われている課題は，どれだけ児童生徒の学習を支援し，どれだけ教師の学習指導を支援し得たかという点であるから，この点で教師との連携はできたのか，メディアの紹介はできたか等の点についての評価が最も問われなければならない点である。

　そして，評価の結果は，次年度の経営計画策定に際して，必ずフィードバックされ生かされなければならない。中・長期の計画であれば，途中段階で一度評価し，その評価結果に基づいて，それ以降の計画の継続や見直し，修正が検討されるべきである。なお，学校図書館全体の評価については，第13章を参照して欲しい。

3. 経営計画策定の母体

　これまで考察してきたような図書館経営計画は，図書館運営委員会で作成される。図書館運営委員には，学校段階によって異なるが，いずれの場合でもこれまで述べてきたような図書館経営計画立案の中心になるのは，司書教諭にほかならない。係り教諭をはじめ図書館事務職員からもアイディアを積極的に出してもらって，司書教諭が図書館経営の創意機能としてとりまとめることが大切である。そして，図書館運営委員会に図り，その総意として職員会議に提出して教職員全員の了解を得ることが図書館経営を行う上で基本的事項である。

　学校という組織の中で，何事を行うにも情報を公開し，何を目標に図書館は何を行おうとしているのか，十分に説明していく必要がある。これを怠っては，図書館は学習や学習指導に生かされる図書館本来の機能を発揮できない。これ

まであまり利用したことのない教師に対して，図書館で何ができるのか，また教師が行う学習指導を支援をする用意が図書館には常にあることを理解させるように，積極的にあらゆる機会を捉えて説明することは，学校図書館の経営上最も重要な職務である。

第11章　学校図書館活動

1. 学校図書館の基本的な活動

　学校図書館には，資料の収集・整理・保存・提供という四つの機能があることは第2章で述べたが，機能とはどのように定義づけられるのだろうか。『広辞苑』第5版（岩波書店，1998）によれば，機能とは「相互に関連し合って全体を構成している各因子が有する固有な役割」と定義づけられている。したがって，学校図書館では，これら四つの機能それぞれに課せられた固有の役割を相互に関連し合って果たして，全体として，「教育課程の展開に寄与し，児童生徒の健全な教養の育成に資する」という目的を達成することになる。そして，それぞれの「固有な役割」を果たすために行われるのが「活動」である。たとえば，資料収集機能を果たすためには，実際に多種多様な資料のなかから，「教育課程の展開に寄与し，児童生徒の健全な教養の育成」に資するものを選択するという活動がまず行われる。また，収集された資料を分類し，利用者の発達段階に対応した検索のための道具，すなわち，各種の目録や索引を作成し，利用されるように，そして，整理された資料を書架に並べ，さらには資料の更新を行って，常に学習や学習指導に役立つメディアを維持するなど，整理・保存に関する独自の活動が行われる。

　そして，文字・数値・映像など，あらゆるメディアが電子化されコンピュータを介して利用できるようになっている現在，利用者への資料提供には，これまでのように一冊の本を手渡すだけではなく，情報の提供も当然のこととして含まれ，学校図書館資料が学校図書館メディアとして捉えられている現状から，提供機能は情報・メディア提供機能と解されなければならない。

　情報・メディア提供の機能は，これら四つの機能の最後に位置づけられる。

そして，前者三つの機能と基本的に異なることは，直接，利用者である児童生徒や教師に接して遂行される活動であることである。言い換えれば，収集・整理・保存の活動は，情報・メディア提供の活動を円滑に果たすための基礎的活動として行われるものであり，収集・整理・保存活動はテクニカル・サービスと呼ばれ，情報・メディア提供活動は，直接，利用者に接してサービスすることから，パブリック・サービスと呼ばれる。

そして，最終的に利用者に接して行われる情報・メディア提供活動は，図書館活動の最終成果として，利用者に提供されるサービスで，優れたサービスを行うためには，利用者の情報要求に的確に応えられる情報・メディアが収集・整理・保存されることが必要不可欠である。

したがって，情報・メディア提供活動は，収集・整理・保存の各活動と密接に相互に連携し合って，図書館全体としての活動が遂行されるようにしなければならない。すなわち，利用者がメディアや情報を探し求めている際に，司書教諭は直接利用者の情報要求パターンを観察する機会を持つことができる。また，目録の引き方，CD-ROM の使い方を指導する際にも，司書教諭は利用者の情報探索行動を知ることができる。その際得た利用者の情報探索の「くせ」を見きわめて整理係に報告する。また，文献探索を行っている中で，ある主題についての情報・メディアが少ないことに気づいた場合は，ただちに収集係へ収集に際して参考になる情報として報告する等の連携をとる必要がある。

しかしながら，学校図書館の経営・管理は，一般的にいって，少人数で行われている。各機能が行う活動のすべてを一人で行う場合も多いと思われるが，この場合でも，一つの図書館が機能遂行のため，行わなければならない活動の種類に違いはない。したがって，一人あるいは二人で図書館を経営・管理し，一人でいくつもの活動を行わなければならない場合でも，基本的な活動について，明確に認識しておくことが肝要である。

なお，収集・整理・保存機能に関わる活動については，第2巻『学校図書館メディアの構成』で詳しく扱われるので，ここでは，四つの機能のうち，最後の機能である情報・メディア提供機能に関わる活動について，その意義と目的

について考察しよう。

2. 情報・メディア提供活動

情報・メディア提供活動は次の三つの活動から構成される。
① 情報・メディア利用活動
② 情報・メディア利用教育活動
③ 情報・メディア利用促進活動

これらの活動は，収集・整理・保存活動の成果が集約された結果に基づいて，学校図書館のサービス対象である児童生徒や教師に，主として顔をみながら，直接，一対一の関係で行われるところにその特徴がある。情報・メディアの収集について，恐らくこのようなメディアを児童生徒は求めるであろう，このようにして情報を探すだろうというように，収集される情報・メディアについても，整理に関わる分類にしても件名をつけるにしても，またどこにメディアを保存するかについても，児童生徒あるいは教師の，情報要求や情報検索のアプローチの仕方を予想して，その最大公約数をもって，処理されてきている。そこで，最終的に児童生徒に接する活動では，これまで活動の判断規準になっていた最大公約数では扱いきれなかった細部にわたる配慮をもって，児童生徒と教師一人ひとりに対して学習支援と学習指導支援活動が行われるのである。

言い換えれば，図書館サービスを個別化していくところに大きな意義と特徴があり，そのことによって学校図書館メディアをはじめ，学校図書館機能が最大限に活用され，より的確に個々の利用者の情報要求に応えていくことに，その目的がある。

次に三つの活動について，それぞれ考察してみよう

（1） 情報・メディア利用活動

情報・メディア利用活動は，学校図書館のサービス対象である児童生徒や教師に，グループを対象とすることもあるが，向かい合って顔を見ながら，一対

一の関係でなされるサービス活動である。

　図書館に情報・メディアを収集し，これを使いやすいように整理し，利用しやすいように保存する際に基本となるものは，前述したように，すべて，児童生徒や教師の情報要求の最大公約数で，図書館ではこれを基本に仕事を行っている。もちろん，最大限に児童生徒と教師の情報要求を把握できるように，常に十分アンテナをはり，アンケート調査をするなど，情報要求把握に務めてはいるが，これでも必ず個々の情報要求に十分応えられるかどうか，難しい場合もあろう。

　そこで，直接，児童生徒や教師に接する機会のある情報・メディア利用活動では，図書館の中で利用者の興味・関心や要求を最も察知しやすい。したがって，情報・メディア利用活動は，活動を行うと同時に，利用者の情報要求を的確に把握し，この活動の以前に行われる収集・整理・保存活動へ情報をフィードバックしていくことも直接利用者へ情報・メディアを提供する活動と同様に重要なことである。

　情報・メディア利用活動には，次の活動が含まれる。
　　閲覧・貸出し・団体貸出し・一夜貸出し・
　　レファレンスサービス（情報サービス）：教師に対して
　一般にレファレンスサービスと呼ばれている情報サービスは，学校図書館では，教師に対して行われるものとし，児童生徒の情報要求に対する回答は，すべて情報活用能力の育成の範疇として考えること望ましい。すなわち，児童生徒には，あらゆる機会を捉えて，自立した情報・メディアの探索者となるように，必要な知識・技術が育成されるように指導することは今日の学校図書館に課せられた最も重要な役割であって，どんなに簡単なことでも，児童生徒自身で情報を見つけるように指導することが基本となる。したがって，児童生徒に対するすべての指導は情報活用能力育成のなかに入り，本書では情報メディア利用教育活動に入れて考察される。

（2） 情報・メディア利用教育活動

　この活動には，情報活用能力の育成と読書指導が含まれ，今日の学校教育の目標の一つである，積極的・自主的な学習者の育成を目指す教育活動を支援するものとして，最も直接的な学習上の教育効果をもつものといえる。

　目的は，自分で課題を見つけ，自ら学び，自ら考え，主体的に判断し，行動し，よりよく問題を解決する知識と能力の育成であり，また自らを律しつつ，他人とともに協調し，他人を思いやる心や感動する心など，豊かな人間性の育成にある。

　これらの活動は「情報活用能力の育成」と「読書指導」としてまとめられるので，本シリーズでは，それぞれ第3巻『学習指導と学校図書館』，第4巻『読書と豊かな人間性』で取り扱われる。ここでは，これらの活動が図書館機能の情報・メディア提供機能の中の情報・メディア利用教育活動を構成するものであることに触れておくこととする。

（3） 情報・メディア利用促進活動

　この活動は，情報・メディア提供活動の中で，直接，司書教諭や図書館職員が利用者に働きかけるというより，図書館の働き，情報・メディアの内容・利用の仕方，自主的学習の方法やその修得の意義などについて，展示・図書館報，読書会など，図書館メディアを使って間接的に利用者に働きかける活動である。いわゆる広報活動といわれてきたものである。

　目的は，文字通り図書館にある情報・メディアの利用を促進することで，①学習と学習指導支援活動をはじめ，図書館で行われている活動について広く利用者に知らせること，②図書館を利用していない潜在的利用者が図書館を利用するようになること，③潜在的利用者を含め，図書館活動についての啓蒙と理解・協力を得ること，④図書館の利用方法を知らせることなどである。

　方法としては，館内案内，図書館利用案内，展示，図書館報，しおり・ブックトーク・お話など，言葉と文字によるメディアの紹介，図書館放送，読書会，

図書館が主催する各種催し物・集会活動など,多岐にわたる方法が考えられる。図書館の理解を深め,児童生徒の知的・精神的成長を支援する活動であれば,それぞれの図書館の現状とその図書館が所属する学校の現状に適した活動が行われるようにすることが最も肝要である。そして,活動計画は,以下の事項を基本として作成される。

(1) 学校の教育目標を反映させる。
(2) 学校の全教育活動に積極的に参画したものとする。
(3) 児童生徒の発達段階を考慮する。

なお,情報・メディア利用活動と情報・メディア利用促進活動の計画作成とその実践については,次章で説明することにする。

第12章　学校図書館活動の実際

1.　情報・メディア利用活動

　前章で述べたように，ここでは情報・メディア提供活動を構成する「情報・メディア利用活動」と「情報・メディア利用促進活動」について，活動の実際と活動計画作成における留意点について述べる。

(1)　閲　　覧

　1）**閲覧とは**　　学校図書館がよく利用されているかを知るには，閲覧室の利用状況を見れば手に取るようにわかると言われている。図書館のなかで静かに好きな本を読む，出された課題について調べる，新聞・雑誌を読むといったことに加え，ビデオやCD-ROMを観る，CDを聴く，インターネットで調べることまでを含んだ，貸出しを伴なわない図書館メディアの利用の仕方を，ここでは閲覧の中に含めて考えたい。時には，壁にかけられている絵画を眺める，ブラウジングコーナーでくつろぐといったことまでが，閲覧の範疇に入ると幅広く考えることができる。

　したがって，図書館が所有するあらゆるメディアと空間を，自由に利用する行為を指すわけだから，図書館がいちばん基本的に行わなければならない活動が閲覧活動といえる。図書館のメディアをまったく利用せずに，受験勉強だけのために閲覧室が占領される光景を見受けることもあるが，これでは図書館の基本的活動が阻害されるといえよう。閲覧活動は，常に図書館を自由に利用させる基本的なサービスである。

　2）**閲覧を充実させるには**　　下記のような要件を満たしていくことが大切である。

① 一日中開館し，いつでも利用できること……まず，図書館は常時開館していなくてはならない。そして，1時限目に授業で使うメディアを借りたい児童生徒の利用を考えると，始業前から開館していることが望ましい。しかし，専任司書教諭が配置されていない現状では図書館係り教諭の協力を得て，できるだけ常時開館に近い形にもっていき，自由に使える学校図書館を目指すことが望ましい。

また，学校によっては図書館をＰＴＡや父母会，ちょっとした会合に使うことがよくある。これは，図書館は授業時間中は利用されないといった認識が，教職員のなかにあるからと思われるが，これからは図書館メディアを利用した学習が図書館で展開される方向にあるので，児童生徒の利用を最優先に考えるような共通認識を教職員間にもたせることが重要である。

② 開架式であること……閲覧方式には開架式と閉架式とあるが，学校図書館は，メディアを直接自由に手にとって見ることができる開架式閲覧方式を採用している。基本的には開架式が大前提であるが，蔵書冊数の多い学校や図書館の面積の狭い学校では，利用の少ない一部の資料や雑誌のバックナンバーを閉架式とし，両方式を採用せざるを得ないこともある。その場合，閉架書庫にある資料でも，目録で検索して，係の人が書庫より取り出す完全な閉架式ではなく，閉架書架でも自由に資料を手に取って見ることのできる，いわば簡易閉架方式が望ましい。

③ 各種メディアが充実し，魅力的であること……学校図書館のメディアは図書や新聞・雑誌といった印刷メディアだけではなく，ビデオ・CDなどの視聴覚メディアが加わり，さらにコンピュータの導入によりCD-ROMなどの電子メディア，ネットワーク系のメディアも加わってきている。

また，図書・新聞・雑誌などの印刷メディアのほかに，政府関係機関や企業が発行している冊子，パンフレット類，修学旅行先の公的機関が発行している観光資料などの印刷メディアも収集し，分野別にファイルして利用できるようにしたい。これらの資料は，図書にはない情報を提供する資料として欠かせないものである。

新聞の切り抜き（クリッピング）資料は，教科学習，総合的な学習の時間，小論文などに活用でき，最新情報を得ることのできる貴重なメディアになる。今後，これらのメディア作成にはコンピュータソフトの利用も考えられる。

④ 資料を積極的に更新すること……児童生徒がほとんど利用しない古いメディアは積極的に廃棄したい。学校図書館は大学図書館と違い，メディアの保存よりもメディアの更新を計って閲覧しやすくし，さらにこのことにより利用を活性化することができる。今の児童生徒が利用できるメディアを中心に収集・整理し，児童生徒の読むことのできない文語体の文学全集，歴史や地理関係の本で，国名や国境線の古いものや初期のコンピュータの本などは，廃棄図書の候補としたい。しかし，なかには教師にとっては貴重な資料もあるので，教科教師とよく相談して閉架書庫などに納めておくとよい。

また，ちょっとした配慮で魅力ある図書館に見せることができる。たとえば，ぼろぼろに傷んだ資料やラベルのとれかかった資料を書架から除くだけで，整備された図書館を印象づけるものである。背やラベルのとれかかったものは補修し，傷みの激しい資料は，廃棄するか製本し直すか，買い替えるかして，外見上も更新を心がけることが大切である。古い資料を思い切って廃棄することが，新しい資料の利用につながり閲覧を魅力あるものにする。学校図書館の資料を魅力的にする工夫は，資料の更新にかかっていると言っても過言ではない。

⑤ メディアが整理され，利用しやすく工夫されていること……魅力的なメディアをそろえただけでは，手早く思うように利用することはできない。整理されてはじめて利用できる。まず，資料を探しやすいように分類し，きちんと書架に排架すること（分類については，本シリーズ第2巻を参照）。

書籍に限らず，新聞のクリッピング，ビデオ，CD-ROMなど学校図書館で扱っているメディアは，すべてNDC（日本十進分類法）で分類することにより，児童生徒は検索をスムーズにすることができる。たとえば，生徒が書籍で調べている「熱帯雨林」のことを，新聞の切り抜き，ビデオ，CD-ROMでも見つけたいときには，同じ分類番号を探せばすぐに探し出すことができる。学校図書館メディアの整理は，明瞭簡潔にして利用者の便宜を図ることが肝要で

ある。

　図書館の資料は分類番号順に並べられていることが大前提であるが，教科学習で利用する学習資料は利用しやすいように教科別や学年別に別置したり，新着資料コーナーや，テーマ図書コーナーを設置するなどの工夫も必要である。また，本やビデオの表紙を見せて書架に並べるなどの工夫をすることにより，親しみのある図書館を演出することができる。図書館の入り口やカウンター回りに，図書館資料の配置図を一目でわかるように掲示し，分かりやすい書架の表示をすることも忘れてはならない。

　⑥　検索手段が整っていること……図書館メディアの有無，所在を知ることのできるのが目録である。書名，またはタイトル・著者名・件名で目録を引くことにより，メディアの所在を知ることができる。従来はカード目録が主流であったが，学校図書館にコンピュータが導入され，OPAC（Online Public Access Catalog：オンライン閲覧用目録）で自校のメディアの有無を検索することができるようになった。学校図書館でよく利用されるのが件名である。ほとんどの学校図書館は市販の目録情報を利用しているが，市販の目録情報の件名は公共図書館や大学図書館向きの「基本件名標目表」か「国立国会図書館件名標目表」に拠っており，学校図書館には不向きな面もある。児童生徒の利用を考え，学習に密着したきめ細かい件名をローカルデータとして自館入力して，検索手段の充実を図りたい。

　そして，図書館のすべてのメディアを一回の検索で引けるように整備したいものである。たとえば，「歌舞伎」と引けば，これに関する図書もビデオもCD-ROMも一度に検索できるようにしたい。この点，OPACでは，一度の検索で各種メディアの有無が確認できるので，たいへん便利である。

　今後，総合学習や教科の学習で図書館メディアを利用する機会が増えると思われるが，検索手段がなければ司書教諭だけでの対応は難しい。学習活動を支援し，閲覧活動を活発にするためにも検索手段の整備は必須条件である。

　⑦　気軽に相談できる雰囲気をつくること……児童生徒はさまざまな目的をもって図書館にくる。自分で資料を探し出せる児童生徒ばかりではない。気軽

に相談できる雰囲気をつくり，目的をもってきた利用者が満足して利用できるように心がけたい。この際，児童生徒の質問にすぐに答えるのではなく，分類の意味を教えてメディアを探させたり，目録で検索することを教えたりして，教育的な配慮をしたいものである。

⑧　快適な空間をつくること……絨毯が敷き詰められ，広く明るい閲覧室は理想の姿である。よく掃除の行き届いた清潔感のある閲覧室を目指したい。壁に，児童生徒の作品をかけたり，低書架を利用して郷土玩具を飾ったり，花を活けたりと，やすらぎの空間づくりを試みたい。

学校図書館は，静かに利用するものといった通念がある。しかし，メディアを駆使して授業を展開するような時に,静かにしなさいといっても無理である。野放図にうるさい図書館でよい訳はないが，「時」と「場合」を教えながら，学校図書館が快適な空間であることを知らせたいものである。

（2）貸　出　し

1）**貸出しとは**　　図書館を利用する際，必要な資料を見て，短時間で目的が果たせる場合は館内での閲覧だけですむ。しかし，時間をかけて資料を調べたり，検討したり，物語や小説，随筆などをゆっくり読みたいといった時に館外に持ち出し，許された期間手もとで利用できるようにするための方法が貸出しである。

貸出しについては，貸出冊数，貸出日数などの規則を決めて，貸出しがスムーズに行われるような配慮が必要である。

2）**貸出方法**　　メディアを貸し出す際，図書館では「誰に」「何を」「いつまで」の３点を貸出記録として残しておく必要がある。つまり，利用者名，メディア名，貸出期日を何らかの方法で記録しなければならない。これまで，一般的には，ニューアーク方式と呼ばれる，個人カードとブックカードの２枚のカードを使う方法が採用されてきた。それぞれのカードに借りる本の書名と借りる人の氏名を記入する方法だが，借りる時にカードの記入に時間がかかり，間違いも貸出しが多ければ多いほど増え，さらに，返却後も貸出記録が残ると

いったプライバシーの問題も指摘されている。最近は，コンピュータ利用の貸出方法へ移行してきている。この方法への移行は，目録のデジタル化と同時に行うのが一般的な方法で，どのようなコンピュータソフトを導入するかの決定が最大の問題で，いずれにしても経費の問題が大きいので，関係部署と綿密な検討を行って導入を図る必要がある。

　3）**貸出しを活発に行うには**　　貸出手続きをできるだけ簡単にすることと，館外持ち出しを禁止した「禁帯出本」をできるだけ少なくすることである。図書館の管理・運営の点から内容面ではなく，高価というだけで禁帯出本にする傾向がある。しかし，どんな資料も，なんらかの手続きを踏めば借りることができるようにすることが望ましい。貸出期間や冊数などの貸出条件については，できるだけ緩やかにし，積極的に貸出しが行われるように考えたい。

　一般的な貸出方法のほかに，次のような貸出方法も取り入れ，貸出しを積極的に行いたいものである。

　①　一夜貸出し……禁帯出の資料や，特別に貸出しを禁止している資料を，閉館時間から翌日の開館時間まで特別に貸し出す方法を一夜貸出し（オーバーナイトローン）という。禁帯出の資料は，図書室内の閲覧のみとせず一晩でも貸し出し，きちんと読んだり，調べたりする指導の一環と捉えたいものである。

　②　予約貸出し……利用したい資料がすでに貸し出されている時に，予約をしておくと資料が返却されしだい，予約者が優先的に借りることができる方法である。教科学習で頻繁に利用される資料や，ベストセラーなどよく読まれている本は，予約をすることにより，スムーズに貸出しをすることができる。また，購入希望図書は購入希望者に優先的に貸し出すようにするため，予約貸出しの形式をとるとよい。

　③　短時間貸出し……通常貸出しは，一週間とか10日間の学校が多いが，教科学習で使用するメディアは，その時間だけ利用すればすむ場合もある。そのような時に，1，2時間の短時間貸出しを行うことにより，教科関係の資料が教室の中で生きて活用される。今後，総合的な学習や教科学習での利用が増えてくると，この貸出方法が必要となるケースが多くなることが予想される。

④　長期休暇貸出し……夏休み，冬休み，春休みなどの長期休暇を利用して積極的に読書や自由研究などを勧めたい。特に，日ごろなかなか読めない長編小説を読むことや，長期観察・研究を推奨したいものである。貸出冊数を無制限にしたり，多巻ものは1冊とみなす貸出方法を取り入れたりして，学校図書館も長期休暇を有効なものにする援助をしたい。

⑤　団体貸出し……学級・部・クラブ・委員会などにも，一般の貸出制限を取り外した貸出しを積極的に行いたい。文化祭や発表会などのために，個人の貸出冊数を越えた貸出しを希望することがある。この場合，責任者の了解を得て，部の責任で貸出しを行うようにすることが大切である。

 3）**貸出統計の利用**　　貸出統計は，毎日の貸出しを記録し，週単位・月単位と積み重ね，クラス別と分類別に集計するのが一般的である。かなり煩雑な仕事であるが，図書館の利用を数字で端的に知ることができるので，長期にわたって統計を取り続けて分析し，学校図書館運営に役立てるところに意味がある。そして，分析結果を，図書部会や職員会議で検討し，資料購入から貸出方法にいたるまでを見直す材料とする。またこの仕事は，児童生徒図書委員会の活動の一つとして考えることができる。

 4）**延滞と紛失**　　貸出しにつきものが，延滞と紛失である。延滞については，各クラスの図書委員を通して延滞者の催促を頻繁に行いたい。延滞の罰則を設ける学校も見受けられるが，学校図書館では，督促をするなど延滞しないような方策を工夫していきたいものである。

　紛失については，資料を借りた個人が，何らかの理由で明らかに紛失した場合には，現物での弁償の方法も考えられる。

（3）　レファレンスサービス

 1）**レファレンスサービスとは**　　学校図書館における情報・メディアの利用活動の中には，図書やレコードの貸出しのほかに，情報やメディアを探している利用者へ直接，図書館員が支援する活動，レファレンスサービスと呼ばれる活動がある。

レファレンスサービスとは,「何らかの情報（源）要求を持っている図書館利用者に対し,その必要とする情報ないし情報源を効率よく入手できるように援助する図書館職員によるサービスであり,それを有効に行うための関連諸業務からなる」と定義づけられる[1]。

レファレンスサービスは,利用者との関係において直接的なものと間接的なものとに分けることができる。直接サービスとして,質問回答に代表される情報の提供（提示）,情報源の提示（提供）,情報源の所在箇所の指示,図書館利用法の案内（指導）,文献（情報）の探索案内（指導）,二次資料（リスト）の作成と提供などを含む。なかでも,情報（源）提供と利用の援助（指導）が,直接レファレンスサービスを構成する二大要素といえる[2]。そして,間接サービスは,利用者と相対して資料や情報を提供する直接的なサービスを行う際に必要な各種ツールを整備するなどのレファレンスコレクション構築を主として指している。

今回の学習指導要領の改訂に伴い「総合的な学習の時間」が設けられ,自分の課題を自分で調べる学習が強調されるようになると,学校図書館のメディアを利用した学習が当然増えてくる。単に参考資料の有無だけではなく,調べている内容に関する質問,相談なども増加すると思われる。このような児童生徒からの質問に対しては,すぐに情報を提供するのではなく,すべて「どのようにこれまで調べたのか」「目録を引いたか」といった図書館機能やメディアの使い方,調べ方法を教えながら指導するといった要素が大きく入ってくる。学校教育の中で,これまで以上に自学自習ができる知識・技術と能力を修得することが強調されている現在,学校図書館におけるレファレンスサービスでは,情報（源）の提供は教師に対して行うものとし,児童生徒には利用の援助（指導）を行うものとし,児童生徒への援助は,すべて情報活用能力の育成の範疇に含めて考察することにしたい。そうすることによって,学校図書館が担う最大の課題である,自ら学ぶ学び方の技術を児童生徒に修得させることができよ

---

1) 長沢雅男『問題解決のためのレファレンス・サービス』日本図書館協会　1991. p.20.
2) 小田光宏編著『情報サービス概説』日本図書館協会　1997　p.27-28.

う。したがって，本シリーズでは第3巻『学習指導と学校図書館』を参照してほしい。

2）教師への情報サービス　レファレンスサービスは，何らかの情報要求をもった利用者が図書館にきて質問することからはじまるが，もっと図書館側からの能動的なサービスを行う必要がある。たとえば，教師が学習指導上参考になると思われる教育情報を，図書館の側から教師へ積極的に提供する，あるいは教育関連雑誌の目次をコピーして教師に回覧するといった各種のサービスを行う必要がある。このようなレファレンスサービスを高度に，あるいは能動的に伸展させた各種のサービスを情報サービスと呼ぶ場合もある[1]。

レファレンスサービスは，基本的には質問してきた内容について回答する受動的なサービスだが，情報サービスは，授業の展開に必要な動機づけとなる情報・メディアを教師に図書館が積極的に提示したり，必要なメディアをそろえたりして，メディア・教材の面で授業に関わっていこうとする能動的なサービスで，これからは積極的に推進したいサービスである。また，授業展開に直接必要なメディアばかりではなく，授業を展開するのに有効と思われる発展教材なども，印刷メディアに限らず，ビデオ，CD-ROM などと合わせて提示していくことも有効なサービスである。また，これまでにどのような授業展開がなされ，その際，どのようなメディアが活用されたかなどの授業例や，児童生徒のレポートを示しながら，具体的に授業設計の支援を行ったり，他校の実践例の紹介なども情報サービスの範疇に入る。

3）図書館の基盤整備　前述のレファレンスサービスや情報サービスの定義の最後の部分に，「サービスを有効に行う関連諸業務からなる」とあるが，この関連諸業務には，レファレンスブックの収集，レファレンスコレクションの構築，インフォメーションファイルの編成などが含まれる。つまり，有効・活発にレファレンスサービスや情報サービスを実践するためには，これを支える図書館の基盤整備が肝要である。

1）　日本図書館学会用語辞典編集委員会編『図書館情報学用語辞典』丸善　1997　p.92.

① 各種メディアの整備……最新情報の要求が多くなってきている現状を考えると，印刷メディアには限界があり，視聴覚メディア，電子メディアに加え，インターネットを整備する必要がある。また，教師に対して積極的な情報サービスを行うためには，自校で採用されているすべての教科書を所蔵し，その内容をチェックし，必要な教材を収集・整理することが大切である。特に，理科・社会をはじめ，国語・英語・家庭科の教科書には，現在，社会問題となっていることが多く取り上げられている。このような問題については，関連の書籍がなくても，新聞，雑誌記事，テレビの特集番組などが格好の情報となる。

　また，教育課程の改訂にともない美術科が美術鑑賞のために図書館メディアを利用するようになっている。この場合も，美術全集などの印刷メディアだけではなく，たとえば，ゴッホの伝記や作品を紹介したCD-ROM，特集番組のビデオの紹介，さらには，インターネット上のWebサイトが活用できることを情報として提供することもできる。

　② 情報へのアクセス手段の整備……メディアの種類と数量が増えれば増えるほど，メディアの専門家の司書教諭とはいえ，どのようなメディアが所蔵されているのか分からなくなる。これでは的確なサービスは行えない。自校所蔵メディアのアクセス手段を整備することをはじめ，インターネットを利用して近隣の公共図書館や国立国会図書館の目録検索をするなど，多様な情報へのアクセス手段の整備が肝要である。

　③ 他機関との連携を図る……メディアを質・量ともに充実させることは，予算との関係もあって一朝一夕にはいかない。しかし，教師に対するサービスをメディアがないからといって怠るわけにはいかない。他校と連携を図るとともに，公共図書館を利用したりして，資料の相互貸借を積極的に行いたい。そして，一日も早い学校図書館間のネットワークシステムの構築を推進したい。

　④ Webサイトの活用……コンピュータの導入やインターネットも発達し，学校教育でも十分に利用できるWebサイトが充実してきたので，学校図書館は，学習指導やその指導に適当と思われるインターネット上の情報源へのリンク集を作成して活用すことも重要なことである。

司書教諭は，学習指導要領の変更，各教科の指導内容の把握，各種メディアの特性，特徴，内容などを熟知し，指導内容とメディアを結びつける能力がないと，よりよい情報の提供につながらない。さらに，現代の社会情勢を読み，判断し，情報をいかに収集するかも重要である。それだけに，レファレンスサービスを含む情報サービスは，司書教諭の力量が問われる活動ということができる。

2. 情報・メディア利用促進活動

情報・メディア利用促進活動とは，学校図書館にある情報やメディアを知らせ，学校図書館の有効な利用を促すことを目的として行う活動である。図書館のもっているさまざまな機能，各種メディアの利用の仕方などを，展示や図書館報，図書館行事など各種の方法を駆使して，図書館側から児童・生徒・教職員に働きかける広報活動である。図書館の利用を促し積極的な利用者になるように，次に掲げるような事柄について知らせる必要がある。

(1) 内　　容

① 学校図書館の利用について
  ◦ 開館時間，貸出期間・冊数など基本的な図書館の利用規則について。
　　（長期休暇中の開館日，蔵書点検中の休館日なども含む）
  ◦ 書庫，視聴覚室，図書委員会室などの施設の利用方法について。
② 学校図書館の機能・役割について
  ◦ 館内・書架案内。
  ◦ 分類の利用及び活用法。
  ◦ 目録の利用の仕方，コンピュータの利用法。
③ 学校図書館メディアについて
  ◦ 所蔵する学校図書館メディアの特性と利用法。
  ◦ 教科学習での参考図書，各種メディアの利用法。

○特別教育活動や学校行事に必要なメディアの利用法。
④ 学校図書館行事について
  ○間接的ではあるが，読書会，ブックトーク，お話，読み聞かせ，講演会などの図書館で行う行事を通して，情報・メディアの利用を促す。

(2) 方　　法

　利用者に図書館の情報やメディアについて知らせ，利用を促す方法として，大別すると「文字」と「言葉」による二つの方法が考えられ，この二つの方法に加えて，視聴覚メディアや現物を使う方法がある。これらの方法を組み合わせて活動することにより，相乗効果が期待できるが，どの方法による活動がいちばん効果的であるかを自校の教育方針など教育事情を勘案して，最適な方法をとることが大切である。
　対象によっても，広報の仕方は異なる。児童生徒向けと教職員向け，新入生用では当然内容とともに，方法も違ってくる。
　児童生徒図書委員会も参加・協力した活動を目指し，広報活動を通して児童生徒の自主性育成にも役立てたいものである。
① 文字による方法
  ○図書館報，図書新聞，壁新聞などを定期的に発行して，図書館の新着メディアや図書館行事などについて知らせる。
  ○図書館利用案内，図書館のしおりなどを配布して，図書館の基本的利用規則について徹底させる。
  ○推薦図書目録を作成して，質の高い印刷メディアに触れる機会をつくる。
  ○読書感想文コンクールの実施により，理解力と感性を育て，さらにメディアに接する契機とする。
② 言葉（音声）による方法
  ○ブックトーク，お話（ストーリーテリング），朗読会，読書会などを開催して，本に対する楽しさを実感し，図書館利用につなげる。
  ○講演会，著者を囲む会，座談会などを通して，講演者や著者に対する親

12-1図　ショーケースの一例（トキワ松学園）

しみ，関心をもち，さまざまなメディア利用につなげる。
③　その他の方法
- 掲示を利用して，図書館の利用法，分類表，書架の配列と図書館メディアの場所を知らせる。
- 鑑賞会，見学会などを企画して，自校の学校図書館では得られない情報を得る機会とし，幅広い知識を図書館利用に生かす。
- 展示，ショーケースなどに実物を展示することにより，文字や言葉から得ることのできない情報を得る。
- 校内放送，ビデオ上映会などを利用して，図書館からさまざまな情報を伝達する。
- 図書館ホームページ上に，各種の情報を掲載して知らせる。特に，校内LAN（Local Area Network）の活用は必須のことである。

(3) 計　画

情報・メディア利用促進活動を計画するには，次のような諸点を考えて活動を活発に行いたい。

1）校内の理解と協力を得る　　利用促進活動を展開するには，図書館だけで動いていたのでは効果が薄い。全校に関わるような図書館行事などは職員会議にかけて，活動の目的を明確にして教職員の理解を得る。このことが活動の成功につながり，校内に定着し，学校全体が関わっていく行事となる。活動に関係のある学年・教科・校内組織などの協力を得て，企画・運営に参加してもらうことが，図書館活動を実のあるものにする。

2）活動時期を考慮する　　図書館活動は，学校・学年行事などを考えて設定する。どんな著名人の「講演会」でも学校行事と重なったり，他の学校行事の直前に計画したなら実施は不可能に近い。12-1表の図書館行事計画表の例でもわかるように，児童生徒は多忙な毎日を送っている。効果のあがる時期を選ぶことが非常に重要である。

3）学校・学年・教科との連携　　図書館ニュースの発行などは，図書館独自に利用促進活動として取り組まなければならないが，行事関係は，学年・教科などとの協賛態勢により効果を上げることができる。たとえば，講演会を文化祭の一環として実施することにより，広範囲に宣伝することができるうえに，学校内だけではなく学外へのアピールともなる。講演会の企画，講演者との折衝などは図書館が行い，宣伝などを文化祭担当者が行うといった方法で連携していくことができ，成果を期待できる。

4）多彩なメディアの駆使　　学校図書館には，印刷メディア以外のメディアも収集してある。資料の展示会，ビデオの上映会，コンピュータの講習会などを実施して，図書館メディアの認識を深め，併せて図書館の機能についても把握する機会とする。

5）活動を校内に広げる　　図書館活動は，ともすると図書館内に限定しがちである。図書館をあまり利用しない児童生徒に向けて，利用を促進すること

12-1表　図書館行事計画表（中学校の一例）

月	学校行事	図書館行事	月	学校行事	図書館行事
4	始業式 入学式・対面式 健康診断 保護者会	図書館開館 図書委員会活動開始 オリエンテーション "図書館だより"発行 ショーケース展示	10	体育祭 中間テスト 読書週間	"図書館だより"発行 読書会② 読書週間用ポスター作成 読書感想文表彰
5	遠足 生徒総会 中間テスト	修学旅行資料の別置 音楽コンクール用楽譜準備 "図書館だより"発行 読書会①	11	演劇鑑賞 授業参観 移動教室（中2） 三者面談	"図書館だより"発行 移動図書館 演劇鑑賞資料準備 図書委員会トーハン見学
6	修学旅行 音楽コンクール 授業参観 高校説明会 （中3）	夏休みの推薦図書決定 "図書館だより"発行 読書感想文コンクール要綱発表 移動図書館	12	期末テスト 保護者会	"図書館だより"発行 図書新聞編集開始 著者を囲む会準備
7	期末テスト 保護者会 球技会	夏休みの貸出し "図書館だより"発行 林間学校資料準備 図書委員見学会	1	マラソン大会 天体観測会(中1)	"図書館だより"発行 著者を囲む会開催 ショーケース展示
8	水泳指導 林間学校	夏休みの開館	2	百人一首大会 保護者会 生徒総会	"図書館だより"発行 図書新聞発行 読書会③
9	水泳大会 文化祭	文化祭発表準備 文化祭用資料準備 "図書館だより"発行 ショーケース展示	3	卒業発表会 学年末テスト 卒業式	卒業生用記念個人記録 蔵書点検 "図書館だより"発行

を考えるには，活動を図書館の外に広げることである。児童生徒のいちばん利用する昇降口に展示コーナーを設置する，食堂やホールに図書館からのお知らせを掲示するなど，利用意欲をかきたてる創意工夫をしたいものである。

6）**活動はこまめに行う**　利用促進活動は，何か一つの活動をすれば効果があがるといったものではない。むしろ，全校規模でなくてもよいから，多種多様な活動をこまめに展開していくことである。児童生徒の興味・関心の目が開く機会を多く準備し，いずれかの活動がどこかの時期に，児童生徒の琴線に触れる機会となると考えたい。

（4）活動の実際

1）**図書館報**　「図書新聞」「図書館ニュース」「図書館だより」などと呼ばれ，図書館から発行する印刷媒体を総称して図書館報という。図書館メディアの利用を促す媒体として，最も有効な手段の一つである。掲載内容としては，図書館からのお知らせ，新着メディア案内を中心として，各教科の課題学習に関する情報，資料提供，学年行事に関する情報なども載せる。また，図書館行事の報告も事後指導の一環として掲載すると，図書館行事に全く関心のなかった利用者も興味をもち，次の機会に参加してみようといった行動につなげることができる。

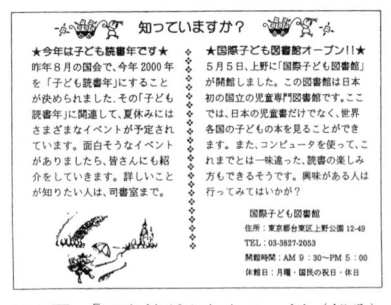

12-2図　「図書館だより」の一例（部分）
（トキワ松学園）

形態と発行回数は，一般的にはＢ５判，Ｂ４判の一枚もののプリント，数ページのものが考えられる。図書館についての情報を伝え，一人でも多くの図書館利用者を増やすことが活動の目的であることを考えると，回数多く最新情報を流すことである。年に2～3回の数ページのもの

を配布するより，Ｂ５判を５回配布した方が効果は期待できる。少なくとも，一学期に一回程度の発行にし，定期的に発行するように心がけ，慣れてきたら回数を多くするようにするとよい。

　また，教職員向けの情報紙も手がけたいものである。教師は授業を展開する上で，活用したいメディアが図書館にそろっているか，どのメディアをどのように利用していくかを，常に考えて準備に当たっている。図書館からの最新の情報は，授業を展開する上で必要不可欠である。一学期に一回は，図書館案内の教師版を発行して，教材提供を積極的に行いたいものである。

　2）修学旅行資料コーナー　　修学旅行の事前・事後指導は多くの学校で行われている。図書館でも資料を集め，資料提供，情報提供のコーナーをつくり，必ず担当学年よりコース表や研究テーマなどの関係資料をもらって，準備することが重要である。

　資料の少ないものについては，予算の範囲で補充するか，公共図書館から借りてくるなどの配慮が必要である。

　コーナーには，資料を並べるだけではなく，修学旅行先の絵葉書を展示したり，地図を利用してコースを明示したり，郷土玩具や特産品を並べたりして，イメージづくり，雰囲気づくりもしたいものである。このようなコーナーづくりは，他学年への教育効果も期待できる。

　3）展　示　　展示の仕方にもさまざまな方法がある。新着資料を一定期間，カウンターの横などの，決められた場所に並べておく，書籍の帯を利用して展示板に貼り図書案内とする，児童生徒の美術作品や家庭科の作品を図書館に並べる，ショーケースを利用して教師のコレクションを紹介するなど，すべて展示の一つの形である。

　資料を書棚に並べておくだけの味気ない図書館ではなく，児童生徒の興味・関心を呼び覚まし，じっくりと見てもらえるような展示方法を工夫して，図書館利用につなげたい。

　4）図書館案内　　「図書館のしおり」「図書館便覧」などと表現して，図書館の概要についてふれ，広報的役割を目的につくる。図書館の規則，利用方法，

図書館見取り図，図書，新聞，雑誌，ビデオ，CD-ROM などのメディアの資料構成と利用方法，特殊な独自資料の使い方，図書館のサービスとしてレファレンスサービスがあることなどを盛り込む。新入生対象に配布し，オリエンテーション時に利用すると効果的である。Ａ５判サイズで，10ページ以内ぐらいが適当であろう。

第13章　学校図書館の評価と改善

1. 評 価 の 目 的

　過去に行なっていた学校図書館の活動が，現在でも有効であるとは限らないし，学校の教育ニーズも常に変化している。それに併せて，学校図書館の経営計画も常に見直していかなければならない。そのための一連の過程が学校図書館の評価である。学校図書館の評価は，学校図書館活動の現状を把握して，一定の基準に基づき客観的にそれを判断し，その長所や短所および改善点を明らかにする活動である。したがって，図書館担当者が日常の学校図書館活動，あるいは児童生徒や教師との会話の中で得られた情報から，学校図書館の問題点を把握することも広い意味で重要な評価であるといえる。

　しかし，学校図書館の経営全体や複数のサービスの有効性を評価するには，学校教育全体との関連で評価の目的，内容，方法について十分に検討し，評価計画を作成する必要がある。こうした評価計画の作成は，学校図書館担当者と他の教職員との相互理解を深め，質の高い学校図書館サービスを提供することにもつながるのである。

　適切な評価を行うためには，まず評価の目的を明確にしていかなければならない。評価の目的を端的に言えば，学校図書館が学校の教育目的の達成にどのように貢献しているかを明らかにすることである。換言すれば，学校図書館が児童生徒の読書活動を含む広い意味での学習や教師の学習指導への支援にどれだけ効果があがっているかを明らかにすることである。また評価の目的には学校図書館の直面する問題や状況に応じて個々に設定される目的がある。それには次のような目的があげられる。

(1) 学校図書館の経営計画がどの程度達成されたかを明らかにすること。

(2) 学校図書館の経営方針が学校の教育目的や教育ニーズに適切に対応しているかどうかを明らかにすること。
(3) 学校図書館の経営計画の立案や予算請求のために信頼できるデータを提供すること。
(4) 図書館担当者が図書館活動の問題点を把握するための手がかりを得ること。

実際の学校図書館の評価の目的には，これらの中のひとつあるいは複数の目的が含まれてくると思われるが，その設定過程においては，評価の目的のどのような側面に重点を置いて評価を行うかについても併せて検討する必要がある。つまり評価の視点の明確化である。それには，学校図書館の経営方針，活動目標などの目的面の適切性についての評価に重点を置く考え方，蔵書数やスペースなどの施設・設備の条件面の整備についての評価に重点を置く考え方，サービスの提供方法やその実施手順などの実施面の効果についての評価に重点を置く考え方などがある。評価の目的と視点を明確にすることによって，評価の方針が決定される。そして，この評価の方針に基づき，より具体的な評価目標が設定される。

2. 評 価 の 基 準

設定した評価の目的や目標に対して実際の学校図書館活動が量的・質的に十分なものであるか，あるいは満足するものであるかを客観的に判断するのは難しいことである。そうした判断の尺度となるものが評価基準である。評価基準は図書館活動を評価する視点や方向性を示す規準（criteria）と一般的な図書館活動の水準を示す標準（standard）からなる[1]。客観的な評価を下したり，適切な評価項目を作成したりするには評価基準を明確にしなければならない。

学校図書館に関しては各種の全国的な標準が策定されている。こうした全国

---

1) 図書館情報学ハンドブック編集委員会編『図書館情報学ハンドブック』第2版　丸善　1999　p.694.

的な学校図書館基準には施設・設備等に関する量的基準と活動の指針を示した質的基準があり，主に文部科学省や全国学校図書館協議会が作成した手引き書やガイドラインの中に示されている。これらの基準は学校図書館の最低の基準を示すものであるが，整備・発展段階にある学校図書館がまず達成すべき基準としては意味あるものである。これに対して，近年，文部科学省が示した『新しい時代に対応した学校図書館の施設・環境づくり』[1]や全国学校図書館協議会が作成した小・中・高等学校の理想的な学校図書館施設のモデル案[2]などは学校図書館の望ましい基準を考えるうえで参考になるものである。また，その他にも全国レベルや地域レベルで行われる学校図書館の実態調査も実際の学校図書館の平均的水準を示すものとして評価の基準となるものである。

評価に際して，評価基準を学校図書館の望ましい基準に求めるか，現状の平均的水準に求めるか，あるいは最低基準に求めるかによって評価の持つ意味は大きく変わってくるといえる。

3. 評価の内容

学校図書館の経営を総合的・体系的に評価するには，学校図書館の経営内容の全体像をどのように捉えるかということが問題になる。そこで，学校図書館経営の中心となる司書教諭の職務内容からこの点について考えてみる。

司書教諭の職務内容は，一般的に管理的職務，技術的職務，奉仕・指導的職務の3領域に分けることができる[3]。管理的職務には，学校図書館運営の企画・立案，経理，図書館部員の組織・運営および研修，図書館資料の収集と更新，広報などがある。また，技術的職務には，選書，分類・排架などの資料の組織化，目録・索引の作成などがある。そして，奉仕・指導的職務には，館内閲覧，

---

1) 文部科学省『新しい時代に対応した学校図書館の施設・環境づくり：知と心のメディアセンターとして』文教施設協会　2001　67p.
2) 八木澤壮一ほか「夢のある理想的な学校図書館施設」『学校図書館』第609号　(2001.7)　p.39-49.
3) 文部省『学校図書館運営の手びき』明治図書　1959　p.58-60.

貸出し，読書指導・案内，利用指導・利用案内，図書委員会の指導，学級文庫の編成などがある。また，司書教諭にはこれらの職務内容の他にインターネットの導入，校内ＬＡＮの設置，公共図書館との連携，学校図書館ボランティアの活用などに伴う職務が新たに重要な職務として加わってきおり，その役割は学校の枠を越えていっそう広範なものになってきている。

これらの職務区分は学校図書館に共通する基本的なものであり，学校図書館の経営領域もこれに準じて考えることができるであろう。したがって，学校図書館の経営を総合的に評価するための基本的な枠組みは，これらの3領域，あるいはサービスや教育の側面を重視して奉仕と指導を分けて管理的領域，技術的領域，奉仕的領域，指導的領域の4領域として捉えることができる。

また，これらの学校図書館の経営領域における個々の活動が具体的な評価事項になる。これを図書館の機能という観点から捉えると，これらの活動は学校図書館が所蔵する図書・雑誌・参考図書などの資料，各種の教育機関や最新の教育事情などの情報，授業・集会・講演会・展示会などの活動場所を提供することによって実現される。つまり，学校図書館の活動は図書館の資料提供，情報提供，施設提供という三つの機能に基づく活動である[1]。そして，司書教諭がこれらの図書館機能を児童生徒の学習と効果的，効率的に結びつけることによって，より質の高い学習活動が展開されるのである。したがって，各経営領域における具体的な評価事項は，さらに資料提供，情報提供，施設提供の3側面に分けることができる。

以上のことから，学校図書館の経営を総合的に評価するための評価内容の枠組みとして4領域と3側面からなる枠組みが設定できる。この枠組みを用いた体系的な評価項目の作成方法について紹介する。それは13-1図のような「評価項目作成カード」を用いた評価表の作成法である。

この評価項目作成カードは，上段の評価項目の記述領域と下段の評価項目の分類領域から構成される。記述領域は評価事項，内容記述，評価基準の項目か

---

[1] 図書館情報学ハンドブック編集委員会編　前掲書　p.651-652.

評価項目作成カード		No〔2131-1〕
評価事項	内容記述	評価基準
館内サイン	書架の分類表示や利用案内の掲示がわかりやすいこと	生徒が理解しやすいこと
評価目標	経営領域	評価内容	評価方法
1 目的面 ②条件面 3 実施面	①管　理 2 技　術 3 奉　仕 4 指　導	1 資料提供 2 情報提供 ③施設提供	①質的評価 2 量的評価 関連カード番号 2131-2

13−1図　評価項目作成カード

らなり，ここに評価項目をどのように設定するか具体的に記述する。また，分類領域は評価目標，経営領域，評価内容，評価方法の4項目からなる。これらの項目によって，作成した評価項目を分類整理し，評価項目間の関連付けや階層化を行い，一つのまとまりをもった評価表を作成する。

13−1図には「館内サイン」を評価項目作成の一例としてあげた。「館内サイン」の評価項目は実際の学校図書館の環境によって他にもいくつか考えられるであろう。その場合は作成したカードの番号を「関連カード番号」に記入しておくことよって，関連する評価項目を比較検討し詳細な評価項目群を作成することができる。評価項目作成カードを用いた評価表作成の利点は，評価項目の追加や修正が容易であること，評価項目の作成が協同してできることなどである。こうした作成方法は学校図書館の全体的な評価表の作成だけでなく，部分的な評価のための評価表の作成に用いることもできるであろう。

4.　評価の種類と方法

評価は，評価を行う主体によって自己評価と外部評価の二つに分けられる。自己評価は司書教諭や図書館担当教師などの図書館担当者を中心とした学校内の図書館関係者が行う評価である。自己評価は必要に応じて柔軟に実施するこ

とができる反面，評価結果に主観的判断が入りやすく学校図書館の実態と評価結果が乖離する可能性がある。一方，外部評価は学校外部の図書館の専門家や学校図書館関係者に依頼して行う評価である。この評価は自己評価と比べて迅速に実施するのは困難であるが，より客観的立場から評価することができるので正確な評価が期待できる。したがって，こうした特性を踏まえてこれらの評価を適切に組み合わせて実施していくことが大切である。たとえば，図書館担当者による年度ごとの学校図書館の経営の総括的な評価として自己評価を行い，学校の教育環境が大きく変化した場合や学校図書館の中・長期的な経営計画を策定する場合に外部評価を行うことなどが考えられる。こうした外部評価においては保護者や地域住民を評価委員に加え，評価結果に地域の教育ニーズを反映させることも大切な視点である。

　また，評価は評価の対象によって総合評価と部分評価の二つに分けられる。総合評価は学校図書館の経営全体を体系的に評価するために行うもので，次年度の改善計画や学校図書館の経営計画の作成の基本的資料となるものである。したがって，評価内容は全校的な機関での検討を経て評価内容を決定することが望ましい。また，部分評価は特定の事項に絞って行う評価で，主に年度途中に図書館担当者が活動内容の問題点を明らかにしたり，経営計画を修正したりするために行う評価である。したがって，実際の図書館担当者が評価内容を作成することが望ましい。また，部分評価は利用者調査など特定の調査と連動して不定期に行うことも多く，短期間で報告書をまとめる必要がある。そのため，実施に際しては，評価目的を明確にして評価内容を絞ること，評価結果をある程度予測して事後処理を速やかに行うこと，過去の評価結果も利用することなどによってできるだけ負担のない形で実施する必要がある。

　評価を行う手順について見ると，評価の種類によってそのプロセスは若干異なるものとなるが，おおむね①評価計画の作成，②評価データの収集と評価表の作成，③評価の実施と分析，④評価報告書の作成，⑤職員会議への報告，⑥改善計画の策定からなる[1]。

---

1)　室伏武ほか編『新学校図書館事典』第一法規　1983　p.403.

ここで大切な点は，評価報告書の概要を職員会議等で報告し，学校図書館の現状や問題点に関する認識を管理職や他の教職員と共有することである。また，改善計画の立案においては全校的な組織を編成して校務分掌，教科，学年との連絡調整を図り，改善計画の実施に向けて多くの教職員の協力を得ることである。

5. 評価データの収集

学校図書館の活動を正しく評価するには，学校図書館の実情を示す各種のデータをできるだけ多く収集していく必要がある。すなわち，測定の問題である。多くの学校図書館では，日常的な業務の中で貸出統計や利用状況などを記録した日誌類，また各種の帳簿類や報告書を作成している。また，児童生徒や教師などの学校図書館の利用者のニーズや読書活動などを把握するために，各種の実態調査も実施していることであろう。これらの資料は評価のための重要な情報源となる。それには次のようなものがあげられる[1]。

(1) 業務記録・報告書
  ① 図書原簿・事務用目録
  ② 図書館日誌（リクエスト記録，来館記録，レファレンス記録等）
  ③ 図書委員会日誌
  ④ 行事等の記録
  ⑤ 会計報告
(2) 統計・調査
  ① 読書実態調査
  ② 利用実態調査
  ③ 貸出統計
  ④ 利用統計

---

[1] 学校図書館研修資料編集委員会編『学校図書館ABC：運営から指導まで』改訂第2版　全国学校図書館協議会　1997　p.32-35.

これらの記録，報告書，統計，調査報告，帳簿のほかに図書館の運営方針，運営計画，運営規則，利用指導や読書指導の年間指導計画などの成文化された文書類がある。これらの資料も評価のための重要な情報源となる。適切な学校図書館の評価を行うためには，学校図書館がまずこれらの情報源をしっかりと整備していくことが大切である。

　また，こうした情報源から得られるデータには，貸出数，利用者数，蔵書数などの客観的な数値で表現される量的データとサービスの内容や手順，図書館担当者の対応などを記述した質的データがある。したがって，評価は，評価に用いるデータによって量的評価と質的評価に分けられる。学校図書館の現状や問題点を明らかにするには，量的および質的な両面から評価を行うことが大切である。いずれか一方のみに偏った評価では，学校図書館の本質を正しく評価したことにはならないのである。

6. 評価モデルの利用

　評価表は学校図書館の経営を総合的，体系的に評価するために作成するものである。しかし，自校の学校図書館の評価に適した評価表を作成するには多くの教師の協力と時間を必要とする。そこで，既存の評価表のモデル，すなわち雛型を使って独自の評価表を開発することが有効になってくる。

　しかし，学校図書館の経営を総合的に評価するための評価表のモデルは意外と少なく，そうしたモデルとしては文部省の「学校図書館の評価基準」(1963)[1]や佐野友彦の「学校図書館の健康診断：学校図書館簡易評価表」(1993)[2]などがあげられる。前者は図書館資料，建物・設備，経営，組織，運営・利用，利

---

1) 文部省『学校図書館の管理と運用』東洋館出版　1963　p.285-306. 本表は，昭和26(1951)年に文部省が「中学校・高等学校評価の基準と手引」(試案) の中で発表した学校評価の方法に基づいて作成された『学校図書館経営の手びき』(1959) の小・中・高等の学校図書館のための「評価の基準」をさらに改訂したものである。

2) 佐野友彦「学校図書館の健康診断：学校図書館簡易評価表 (改訂20版)」『学校図書館』第509号　1993.3　p.30-46.

用指導の6領域と20の評価項目からなる評価表で評価の着眼点，方法，尺度が示されている。この評価表は内容的にはいささか古いものであるが，評価内容は網羅的であり，現在でも十分に参考にすることができるものである。また，後者は，学校図書館の基本的な考え方，施設・設備，資料，資料の利用体制，校長や係職員，図書館運営，経費と経理の7領域と60の評価項目からなる評価表で，評価項目にはそれぞれ具体的な数値等の基準を示した選択肢が設けられており，自己評価が客観的にできるよう工夫がなされている。そこで，学校図書館の評価表の作成では，これらの評価表の評価領域や評価項目を参考にして，学校の特性や地域の教育ニーズなどに応じて必要な評価内容を加えて，より良い評価表を作っていく必要がある。

　これらの評価表は従来の学校図書館に対する評価表であるといえるが，現在学校図書館ではネットワーク化が進展し，情報活用能力の育成や情報サービスの提供などの学習情報センターとしての役割が期待されてきている。そこで，学習情報センターとしての学校図書館の評価についても考える必要がある。こうした点については学習情報センター化の進んでいる米国の評価表のモデルが参考になる。たとえば，13-1表はアラスカ州の学校図書館の自己評価表（1995）の概要を示したものである。

　この評価表は1988年の米国の学校図書館メディア・プログラムのガイドラインに準拠しており，情報化に対応した評価内容を備えている[1]。また，評価方法は「支援を要す」「進展中」「達成」の3段階で評価する方式を用いており，日本の学習情報センターの評価にも応用しやすい評価表である。

　この評価表の構成は，経営・管理，職員，蔵書，教育計画，奉仕と利用，広報活動，施設・設備，予算，研修からなり，前述の評価表と比べると教育計画，広報活動，研修などの事項が重要な評価項目として加えられていることがわかる。また，教育計画の項目には多様な評価項目が設定されており，学習情報

---

1) アメリカ・スクール・ライブラリアン協会，教育コミュニケーション工学協会編，全国学校図書館協議会海外資料委員会訳『インフォメーション・パワー：学校図書館メディア・プログラムのガイドライン』全国学校図書館協議会　1989　217p.

13-1表　アラスカ州学校図書館メディアプログラム自己評価表

経営・管理
1.長期・短期の目標の明文化, 2.蔵書構築計画の整備, 3.蔵書管理・情報機器の導入計画の整備, 4.作業手順のマニュアルの整備, 5.学校図書館関連予算の費目の明確化, 6.図書館関連団体への加入, 7.学校図書館ガイドラインの実施計画の整備, 8.利用者, 地域の要望・意見の聴取

職員
1.正規職員の適切な数の配置, 2.図書館職員の開館時間における常駐, 3.図書館職員の任務分担表の整備, 4.図書館職員向けの勤務評定表による評価, 5.図書館職員のトレーニングの実施, 6.図書館職員のガイドラインの遵守, 7.図書館職員のカリキュラムの開発・実行への支援

蔵書
1.コレクションへの知的自由の原則の反映, 2.資料選択のための専門的選択ツールの利用, 3.適切な分類法による分類・排架・目録, 4.常に更新された閲覧用目録の整備, 5.図書館ネットワークへのアクセス, 6.カリキュラムを支援する多様な形態の資料の整備, 7.各種参考図書の整備, 8.推奨基準に合致した蔵書数, 9.ガイドラインに基づく選書方針の整備, 10.利用者, 地域等の要望を踏まえた蔵書構築, 11.利用記録の秘密の保持, 12.図書館ネットワークや相互貸借による情報資源の提供, 13.定期的・継続的な点検・評価

教育計画
1.生徒の読書や利用意識を高める様々なプログラムの提供, 2.教師, 保護者, 地域住民を対象とするプログラムの提供, 3.生徒や地域ボランティアの助力, 4.情報の探索法に関する生徒や教師の訓練, 5.授業における教師との連携, 6.情報スキルプログラムにおける生徒のモニタリング

奉仕と利用
1.全構成員へのサービスの提供, 2.生徒数あたりの推奨された開館時間数の確保, 3.専用の電話回線の確保, 4.他の図書館や機関とのサービスやプログラムの協力, 5.適切な貸出システムの整備, 6.ガイドラインに即した図書館の地域開放, 7.リソース・シェアリングのためのファックスの確保, 8.新しい資料, 設備やサービスの導入

広報活動
1.様々な広報手段の利用

施設・設備
1.館内サインの明示, 2.気軽に頻繁に利用するのに便利な位置, 3.各エリアの明確な区別, 4.適切なスペースと調度品の整備, 5.地域開放における施設の区分, 6.多様なワークスペースの確保, 7.真に快適で, バリアフリーな学習環境の提供, 8.生徒数に合致した十分なスペースの確保

予算
1.図書資料費の推奨基準の充足, 2.図書館予算における図書館職員の要望の充足, 3.予算の増額や追加予算の獲得への働きかけ

研修
1.図書館職員の研修の承認, 2.図書館職員の研修や会議への出席費用の支出, 3.学校区レベルの計画立案への参加

(出典：Everhart, Nancy. *Evaluating the School Library Media Center : Analysis Techniques and Research Practices.* Englewood, Co., Libraries Unlimited, 1998, p.15-20)

センターの役割の教育的評価を重視する考え方が見られる。こうした考え方は1998年の米国の学校図書館基準に準拠した「21世紀に向けた学校図書館メディアプログラムの評価規程にも反映されている[1),2)]。個々の評価項目を見ると，学校図書館の情報化に関する評価項目に加えて，障害者に対する配慮としてのバリアフリーの考え方，図書館職員の任務分担の明確化，授業における教師と図書館員との連携，知的自由の原則の反映，学校区レベルの計画立案への参加などの評価項目が見られる。これらの観点は，学習情報センターとしての学校図書館の評価内容を考えるうえで参考にすべき点である。

　こうした学習情報センターの評価では，学校図書館を開かれた学習情報システムとして捉えていくことが重要である。その評価表の作成では，他の図書館・情報センターや地域社会との連携，情報活用能力の育成などに関する教育計画などを評価の主要な領域に含めていく必要があるだろう。しかし，これらの領域の評価ではその効果を量的に評価することが難しく，それをどう質的に評価するかが重要な課題となってくる。

7. 評価と改善

　学校図書の役割は，情報・資料を提供することを通して，多様な教育活動を組織し，児童生徒の主体的な学びを深化・発展させ，また豊かな読書生活を実現していくことにある。そうした意味で，学校図書館経営は学校の教育経営の

---

1) アメリカ・スクール・ライブリアン協会，教育コミュニケーション工学協会共編，渡辺信一監訳，同志社大学学校図書館学研究会訳『インフォメーション・パワー：学習のためのパートナーシップの構築』同志社大学　2000　234p.
2) AASL Teaching for Learning Task Force, Assessment Rubric Subcommittee "School Library Media Program Assessment Rubric for the 21st Century: A Self-Assessment Tool for School Districts." *A Planning Guide for Information Power : Building Partnerships for Learning.* Chicago, American Library Association, 1998, 205p.
　上記文献に掲載された評価表は，A教授と学習，B情報の収集と提供，Cプログラムの管理の3領域と合計22の評価項目から構成されており，従来の評価表の構成とは大きく異なっている。また，この評価表では回答の選択肢に質的基準を取り入れる工夫がなされている。

根幹にかかわるものである。しかし，学校図書館における種々の教育活動が学校の教育課程や地域の教育基盤と有機的な関連性をもって展開されなければ，学校図書館の経営が真に学校教育の根幹にかかわるものとはならない。そのためには，学校図書館における教育活動を計画し，実行し，評価するという一連の経営サイクルを確立する必要がある。

　評価は，こうした一連の経営サイクルを学校図書館の改善につなげて，より良い経営を実現するための橋渡しとなるものである。したがって，評価はそこで終わるものではなく，学校図書館活動の改善につながってこそはじめて意味のあるものとなる。つまり，評価と改善は表裏一体の関係にあり，適切な評価結果に基づいた短期・中期・長期的な改善計画を立案していくことが求められているといえる。

第14章　学校図書館の課題と展望

　21世紀の学校教育は，個を主体とした主体的・能動的な学習へと転換し，「生きる力」の育成を主眼に進められる。このような教育への転換は，1990年代以降の国民的課題であり，今日，その方向に向かって歩み始めている。このような教育の推進に中心的存在を果たす役割を担っているのが，学校図書館である。その責任は重い。

1.　学校図書館の現状

　そのような役割を担う学校図書館が，どのような状況にあるのか学校図書館サービスの根幹を担う学校図書館メディアと図書館担当教員について外観してみよう。
　全国学校図書館協議会が平成13(2001)年6月に行った調査によれば，以下のようである。蔵書冊数1校当たり，小学校6,834冊，中学校8,693冊，高等学校23,039冊，10年前と比較すると，小学校・中学校それぞれ約千冊，高等学校では約4千冊の増加している。メディアの不足を感じるかという問いには，「いつも感じる」「ときどき感じる」とを合わせると，小学校83.5％，中学校85.2％，高等学校44.1％という結果になっている。総合的な学習での図書館の利用については，「よく利用されている」「ときどき利用されている」を合わせると，小学校94.1％，中学校86.1％，高等学校では37.9％となっている。高等学校では，まだ総合的な学習の時間は実施されていないことが影響していると思われる。しかし，図書館利用状況からみて，小・中学校におけるメディアの不足は深刻なものがある。
　図書館担当教員の人数については，小学校では1.9人，中学校では2.0人，高等学校では3.7人と，人数については10年間余り変化はない。そのうち司書

教諭有資格者は，小学校60.9％，中学校63.1％，高等学校68.4％となっている。

　学校図書館がおかれている状況は，それぞれの図書館がサービス対象としている学校の構成員や地域によって異なり，図書館の抱える問題も異なってくるが，全般的にみて，メディアと人の問題は大きいことが分かる。どのような課題を抱えているかは，各学校図書館が，それぞれ現状を調査・分析し，その結果を踏まえて，改善のための年次計画を立てて，対策を立て，これを推進するように努めなければならない。

　しかし，今日，学校図書館が抱えている課題を通観してみると，物的・人的問題をもちろん抱えているが，「生きる力」を育成する教育実践で，学校図書館が役立つものであることを学校の内外に周知徹底させることこそが最大の課題といえる。先述したように，これまでの学校教育では教科書以外のメディアや情報を必要とする教育実践が行われてこなかったことから，学校図書館の存在理由は稀薄であったし，全くといってよいほど理解されていなかった。その要因には，経済成長と共に知識伝達型教育の進行，法的拘束力を持つ学習指導要領要領に基づく学習内容の画一化，標準化，過密化などが指摘されている。[1]

2. 課題克服への方策

　今日，情報社会の進展に伴い，主体的な学習の推進に，なによりも情報社会を生き抜く「生きる力」の育成に，情報やメディアを提供する学校図書館の持つ可能性を，少なくとも行政は再び認識し始めたと言えるだろう。だからこそ学校図書館法の改正をはじめ，学校図書館充実の数々の施策も講じられてきている。にも関わらず，残念なことに，学校図書館の機能やこれを運営する司書教諭についての教育現場での認知度は，いまだに高いとは言い難い。

　この状況を打破し，真に21世紀の学校教育を支援する図書館となることが最

1）　渡辺重夫『司書教諭という仕事』青弓社　1999　p.22.

初にして最大の課題だと思う。それには，第一に，学校図書館の機能について，司書教諭をはじめ，学校図書館運営に関わる教師たちが明確な理解を持つことである。学校図書館活動の中心的役割を担う司書教諭自身が，新しい教育の目指す方向と司書教諭の職責を熟知して仕事に当たり，学校図書館の働きについて全教職員の理解を深めるように，各種の機会を捉えて説明していくことが，当面の課題克服への道の第一歩だと思う。場合によっては，校内でのリーダーシップを持つ校長の理解と支持を得るように働きかけることも重要なことである。この点に関しては，第5章「学校経営と学校図書館」の司書教諭からの情報発信の重要性のなかで明確に述べられている。

　そして，司書教諭が学校の教育活動に積極的に関わること。これも学校図書館が正しく有効に学校の教育活動の中で，その機能を発揮するために重要なことである。教科学習にも，読書会のような図書館が主催するような活動にも，すべての教職員を巻き込んで行うように計画を立てることが必要である。

　次に，このような活動の基盤となる学校図書館のコレクションを充実することが大きな課題である。これへの対応は，資金的にも面積的にもすべて限りがある中での実践可能な対策としては，図書館間の協力体制構築以外に方法はない。学校図書館間のネットワークを構築することである。はじめに司書教諭や図書館事務職員間の人的ネットワークをつくり，次第に情報・資源の交流も含めたネットワークの構築が欠かせない。

　次の課題は，司書教諭の研修である。最初に考察したように，今日，科学技術の発展は，時々刻々と言える程に急速で，知識・技術の陳腐化も同じように急速である。そのような社会情勢の中で，21世紀を生きる児童生徒の教育にかかわる司書教諭としては，いや司書教諭だけでなく，図書館の仕事に関わるすべての人びとが，新しい知識・技術を吸収することに貪欲でなければならない。司書教諭こそ率先して生涯学習者となって，日ごろから，教育界の動向に敏感になり，広い視野に立って教育の現状を見つめて日常の図書館業務を遂行することが求められる。常に将来を展望し，広い視野にたって，21世紀を生きる児童生徒の教育に関わる意味と責任を自覚しなければならない。

参 考 文 献

　ここには，本科目「学校経営と学校図書館」を理解するための基本的な文献（和図書）を記す。ただし，本文中で紹介しているものは省略する。

アイゼンスティン,エリザベス　L.著，別宮貞徳監訳『印刷革命』みすず書房　1987　303ｐ.
青木薫編著『教育経営学』　福村出版　1990　230,7ｐ.
岡東壽隆・林孝・曽余田浩史編著『学校経営　重要語300の基礎知識』明治図書　2000　320ｐ.
クラッシェン，スティーブン著，長倉美恵子・黒沢浩・塚原浩共訳『読書はパワー』金の星社　1996　166ｐ.
黒沢浩編著『新学校図書館入門』草土文化　2001　207ｐ.
サンダース，B.著，杉本卓訳『本が死ぬところ暴力が生まれる：電子メディア時代における人間性の崩壊』新曜社　1998　318,39ｐ.
塩見昇『学校図書館職員論』教育史料出版会　2002　207ｐ.
全国学校図書館協議会編『学校図書館職員に関する資料』全国学校図書館協議会　2001　43ｐ.
「総合的な学習」を支える学校図書館編集委員会編『「総合的な学習」を支える学校図書館』全国学校図書館協議会　2001　149ｐ.
長倉美恵子『世界の学校図書館』全国学校図書館協議会　1984　217ｐ.
西澤清・庄司英夫監修『21世紀の学校図書館：情報化・専任司書教諭・学図法改正』労働教育センター　2000　299ｐ.
日本建築学会編『建築設計資料集成「総合編」』丸善　2001　669ｐ.
根本彰『情報基盤としての図書館』勁草書房　2002　255,5ｐ.
福永義臣編著『学校経営と学校図書館』樹村房　1999　218ｐ.
ホグベン，L.著，寿岳文章ほか訳『コミュニケーションの歴史』岩波書店　1958　238ｐ.
前島重方ほか編『図書館概論』樹村房　1998　183ｐ.
渡辺信一・天道佐津子共編『学校経営と学校図書館』放送大学教育振興会　2000　242ｐ.

[資料]　　　　　1．学校図書館法

$$\begin{pmatrix}\text{昭和28．8．8}　\text{法律第185号}\\ \text{改正　平成19．6．27　法律第 96号}\end{pmatrix}$$

(この法律の目的)
第1条　この法律は，学校図書館が，学校教育において欠くことのできない基礎的な設備であることにかんがみ，その健全な発達を図り，もって学校教育を充実することを目的とする。
(定義)
第2条　この法律において「学校図書館」とは，小学校（特別支援学校の小学部を含む。），中学校（中等教育学校の前期課程特別支援学校の中学部を含む。）及び高等学校（中等教育学校の後期課程特別支援学校の高等部を含む。）（以下「学校」という。）において，図書，視覚聴覚教育の資料その他学校教育に必要な資料（以下「図書館資料」という。）を収集し，整理し，及び保存し，これを児童又は生徒及び教員の利用に供することによって，学校の教育課程の展開に寄与するとともに，児童又は生徒の健全な教養を育成することを目的として設けられる学校の設備をいう。
(設置義務)
第3条　学校には，学校図書館を設けなければならない。
(学校図書館の運営)
第4条　学校は，おおむね左の各号に掲げるような方法によって，学校図書館を児童又は生徒及び教員の利用に供するものとする。
　一　図書館資料を収集し，児童又は生徒及び教員の利用に供すること。
　二　図書館資料の分類排列を適切にし，及びその目録を整備すること。
　三　読書会，研究会，鑑賞会，映写会，資料展示会等を行うこと。
　四　図書館資料の利用その他学校図書館の利用に関し，児童又は生徒に対し指導を行うこと。
　五　他の学校の学校図書館，図書館，博物館，公民館等と緊密に連絡し，及び協力すること。
2　学校図書館は，その目的を達成するのに支障のない限度において，一般公衆に利用させることができる。
(司書教諭)
第5条　学校には，学校図書館の専門的職務を掌らせるため，司書教諭を置かなければならない。
2　前項の司書教諭は，主幹教諭（養護又は栄養の指導及び管理をつかさどる主幹教諭を除く。）指導教諭又は教諭（以下この項において「主幹教諭等」という。）をもって充てる。この場合において，当該主幹教諭等は，司書教諭の講習を修了した者でなければならない。
3　前項に規定する司書教諭の講習は，大学その他の教育機関が文部科学大臣の委嘱を受けて行う。
4　前項に規定するものを除く外，司書教諭の講習に関し，履修すべき科目及び単位その他必要な事項は，文部科学省令で定める。
(設置者の任務)
第6条　学校の設置者は，この法律の目的が十分に達成されるようその設置する学校の学校図書館を整備し，及び充実を図ることに努めなければならない。
(国の任務)
第7条　国は，学校図書館を整備し，及びその充実を図るため，左の各号に掲げる事項の実施に努めなければならない。
　一　学校図書館の整備及び充実並びに司書教諭の養成に関する総合的計画を樹立すること。
　二　学校図書館（国立学校の学校図書館を除く。）の設置及び運営に関し，専門的，技術的な指導及び勧告を与えること。
　三　前各号に掲げるものの外，学校図書館の

整備及び充実のため必要と認められる措置を講ずること。
附則（抄）
（施行期日）
1　この法律は昭和29年4月1日から施行する。
（司書教諭の設置の特例）
2　学校には，平成15年3月31日までの間（政令で定める規模以下の学校にあっては，当分の間），第5条第1項の規定にかかわらず，司書教諭を置かないことができる。
附則（平成9年6月11日法律第76号）（抄）
この法律は，公布の日から施行する。

附則（平成18年6月21日法律第80号）（抄）
（施行期日）
第1条　この法律は，平成19年4月1日から施行する。
附則（平成19年6月27日法律第96号）（抄）
（施行期日）
第1条　この法律は，公布の日から起算して6月を超えない範囲内において政令で定める日から施行する。ただし，次の各号に掲げる規定は，当該各号に定める日から施行する。
一　第2条から第14条まで及び附則第50条の規定　平成20年4月1日

2.　学校図書館法附則第2項の学校の規模を定める政令

（平成9.6.11　政令第189号制定）

　内閣は，学校図書館法（昭和28年法律第185号）附則第2項の規定に基づき，この政令を制定する。
　学校図書館法附則第2項の政令で定める規模以下の学校は，学級の数（通信制の課程を置く高等学校にあっては，学級の数と通信制の課程の生徒の数を300で除して得た数（1未満の端数を生じたときは，1に切り上げる。）とを合計した数）が11以下の学校とする。
　　附則
　この政令は，公布の日から施行する。

3.　学校図書館法施行令を廃止する政令

（平成13.3.30　政令第148号制定）

　内閣は，地方交付税法等の一部を改正する法律（平成13年法律第9号）の施行に伴い，この政令を制定する。
　学校図書館法施行令（昭和29年政令313号）は，廃止する。
　　附則
　この政令は，公布の日から施行する。

4. 学校図書館法施行規則を廃止する省令

(平成13．4．26　省令第67号制定)

学校図書館法施行令（昭和29年政令第313号）の廃止に伴い，学校図書館法施行規則を廃止する省令を次のように定める。
学校図書館法施行規則（昭和29年文部省令第33号）は，廃止する。
　附則
　この省令は，公布の日から施行する。

5. 学校図書館司書教諭講習規程

（昭和29．8．6　文部省令第21号）
（改正　平成10．3．18　文部省令第1号）

(この省令の趣旨)
第1条　学校図書館法第5条に規定する司書教諭の講習（以下「講習」という。）については，この省令の定めるところによる。
(受講資格)
第2条　講習を受けることができる者は，教育職員免許法（昭和24年法律第147号）に定める小学校，中学校，高等学校，盲学校，聾学校若しくは養護学校の教諭の免許状を有する者又は大学に2年以上在学する学生で62単位以上を修得した者とする。
(履修すべき科目及び単位)
第3条　司書教諭の資格を得ようとする者は，講習において，次の表の左欄に掲げる科目について，それぞれ，同表の右欄に掲げる数の単位を修得しなければならない。

科　　目	単位数
学校経営と学校図書館	2
学校図書館メディアの構成	2
学習指導と学校図書館	2
読書と豊かな人間性	2
情報メディアの活用	2

2　講習を受ける者が大学において修得した科目の単位又は図書館法（昭和25年法律第118号）第6条に規定する司書の講習において修得した科目の単位であって，前項に規定する科目の単位に相当するものとして文部大臣が認めたものは，これをもって前項の規定により修得した科目の単位とみなす。
(単位計算の基準)
第4条　前条に規定する単位の計算方法は，大学設置基準（昭和31年文部省令第28号）第21条第2項に定める基準によるものとする。
(単位修得の認定)
第5条　単位修得の認定は，講習を行う大学その他の教育機関が，試験，論文，報告書その他による成績審査に合格した受講者に対して行う。
(修了証書の授与)
第6条　文部大臣は，第3条の定めるところにより10単位を修得した者に対して，講習の修了証書を与えるものとする。
(雑則)
第7条　受講者の人数，選定の方法並びに講習を行う大学その他の教育機関，講習の期間その他講習実施の細目については，毎年官報で

公告する。但し，特別の事情がある場合には，適宜な方法によって公示するものとする。

附則

1 この省令は，平成11年4月1日から施行する。ただし，第2条の改正規定は，平成10年4月1日から施行する。
2 この省令の施行の日（以下「施行日」という。）前に，改正前の学校図書館司書教諭講習規程（以下「旧規程」という。）の規定により講習を修了した者は，改正後の学校図書館司書教諭講習規程（以下「新規程」という。）の規定により講習を修了したものとみなす。
3 文部大臣は，平成15年3月31日までは，施行日前に旧規程第3条第1項に規定する科目のうち一部の科目の単位を修得した者，平成9年3月31日以前に図書館法（昭和25年法律第118号）第6条に規定する司書の講習の科目の単位を修得した者（図書館法施行規則の一部を改正する省令（昭和43年文部省令第5号）による改正前の図書館法施行規則（昭和25年文部省令第27号）附則第2項の規定により修得を要しないものとされた者を含む。），昭和24年度から昭和29年度までの間において文部省主催初等教育若しくは中等教育の研究集会に参加して学校図書館に関する課程を修了した者又は昭和24年4月1日以降，小学校，中学校，高等学校，盲学校，聾学校若しくは養護学校（海外に在留する邦人の子女のための在外教育施設で，文部大臣が小学校，中学校又は高等学校の課程と同様の課程を有するものとして認定したものを含む。）において2年若しくは4年以上良好な成績で司書教諭に相当する職務に従事した旨の所轄庁の証明を有する者については，新規程第6条の規定による修了証書の授与に関しては，修得した単位その他の事項を勘案して，新規程第3条第1項に規定する科目の単位の一部又は全部を同条の規定により修得したものとみなすことができる。

6. 司書教諭の講習科目のねらいと内容

科目・単位数	ねらい	内容
学校経営と学校図書館 （2単位）	学校図書館の教育的意義や経営など全般的事項についての理解を図る	1）学校図書館の理念と教育的意義 2）学校図書館の発展と課題 3）教育行政と学校図書館 4）学校図書館と経営（人，施設，資料，予算，評価等） 5）司書教諭の役割と校内の協力体制，研修 6）学校図書館メディアの選択と管理，提供 7）学校図書館活動 8）図書館の相互協力とネットワーク
学校図書館メディアの構成 （2単位）	学校図書館メディアの構成に関する理解及び実務能力の育成を図る	1）学校図書館メディアの種類と特性 2）学校図書館メディアの選択と構成 3）学校図書館メディアの組織化 ・分類の意義と機能，日本十進分類法等の解説 ・件名標目表の解説 ・目録の意義と機能，日本目録規則の解説 ・目録の機械化 4）多様な学習環境と学校図書館メディアの配置
学校指導と学校図書館 （2単位）	学習指導における学校図書館メディア活用についての理解を図る	1）教育課程と学校図書館 2）発達段階に応じた学校図書館メディアの選択 3）児童生徒の学校図書館メディア活用能力の育成 4）学習過程における学校図書館メディア活用の実際 5）学習指導における学校図書館の利用 6）情報サービス（レファレンスサービス等） 7）教師への支援と働きかけ
読書と豊かな人間性 （2単位）	児童生徒の発達段階に応じた読書教育の理念と方法の理解を図る	1）読書の意義と目的 2）読書と心の教育（読書の習慣形成を含む） 3）発達段階に応じた読書の指導と計画 4）児童・生徒向け図書の種類と活用（漫画等の利用方法を含む） 5）読書の指導方法（読み聞かせ，ストーリーテーリング，ブックトーク等） 6）家庭，地域，公共図書館等との連携
情報メディアの活用 （2単位）	学校図書館における多様な情報メディアの特性と活用方法の理解を図る	1）高度情報社会と人間（情報メディアの発達と変化を含む） 2）情報メディアの特性と選択 3）視聴覚メディアの活用 4）コンピュータの活用 ・教育用ソフトウェアの活用 ・データベースと情報検索 ・インターネットによる情報検索と発信 5）学校図書館メディアと著作権

7. 小学校の年間授業時数（学校教育法施行規則　別表第1）

区分	各教科の授業時数									道徳の授業時数	特別活動の授業時数	総合的な学習の時間の授業時数	総授業時数
	国語	社会	算数	理科	生活	音楽	図画工作	家庭	体育				
第1学年	272		114		102	68	68		90	34	34		782
第2学年	280		155		105	70	70		90	35	35		840
第3学年	235	70	150	70		60	60		90	35	35	105	910
第4学年	235	85	150	90		60	60		90	35	35	105	945
第5学年	180	90	150	95		50	50	60	90	35	35	110	945
第6学年	175	100	150	95		50	50	55	90	35	35	110	945

備考
1　この表の授業時数の1単位時間は，45分とする。
2　特別活動の授業時数は，小学校学習指導要領で定める学級活動（学校給食に係るものを除く。）に充てるものとする。
3　第24条第2項の場合において，道徳のほかに宗教を加えるときは，宗教の授業時数をもってこの表の道徳の授業時数の一部に代えることができる。（別表第2の場合においても同様とする。）

8. 中学校の年間授業時数（学校教育法施行規則　別表第2）

区分	必修教科の授業時数									道徳の授業時数	特別活動の授業時数	選択教科等に充てる授業時数	総合的な学習の時間の授業時数	総授業時数
	国語	社会	数学	理科	音楽	美術	保健体育	技術・家庭	外国語					
第1学年	140	105	105	105	45	45	90	70	105	35	35	0〜30	70〜100	980
第2学年	105	105	105	105	35	35	90	70	105	35	35	50〜85	70〜105	980
第3学年	105	85	105	80	35	35	90	35	105	35	35	105〜165	70〜130	980

備考
1　この表の授業時数の1単位時間は，50分とする。
2　特別活動の授業時数は，中学校学習指導要領で定める学級活動（学校給食に係るものを除く。）に充てるものとする。
3　選択教科等に充てる授業時数は，選択教科の授業時数に充てるほか，特別活動の授業時数の増加に充てることができる。
4　選択教科の授業時数については，中学校学習指導要領で定めるところによる。

9.「学校図書館図書標準」の設定について（通知）

（平成5.3.29 文初小第209号
各都道府県教育委員会あて初等中等教育局長通知）

　学校図書館は，児童生徒の知的活動を増進し，人間形成や情操を養う上で，学校教育上重要な役割を担っております。特に，今日，社会の情報化が進展する中で，多くの情報の中から児童生徒が自ら必要な情報を収集・選択し，活用する能力を育てることが求められている一方で，児童生徒の読書離れが指摘されており，学校図書館の果たす役割が一層大きなものとなっております。

　このたび，学校図書館の図書の充実を図り，学校の教育課程の展開に寄与するとともに，児童生徒の健全な教養を育成するため，別添のとおり「学校図書館図書標準」を設定しましたので，下記事項に留意して学校図書館の図書を整備するようお願いします。

　なお，貴管下市（区）町村教育委員会に対し，このことを周知し，公立義務教育諸学校において学校図書館の図書の整備が図られるよう指導願います。

記

1　「学校図書館図書標準」は，公立の義務教育諸学校において，学校図書館の図書の整備を図る際の目標として設定したものであること。
2　「学校図書館図書標準」に基づき，学校図書館の図書を整備するための所要の財源については，平成5年度を初年度とする5か年計画により地方交付税により措置される予定であること。（平成5年度地方交付税措置については別途通知すること。）
3　各学校においては，学校図書館の図書の整備状況や実情に応じ，計画的な図書の整備に努められたいこと。

　別紙は次頁を参照。

(別紙)

ア 小学校

学級数	蔵書冊数
1	2,400
2	3,000
3～6	3,000+520×(学級数－2)
7～12	5,080+480×(学級数－6)
13～18	7,960+400×(学級数－12)
19～30	10,360+200×(学級数－18)
31～	12,760+120×(学級数－30)

イ 中学校

学級数	蔵書冊数
1～2	4,800
3～6	4,800+640×(学級数－2)
7～12	7,360+560×(学級数－6)
13～18	10,720+480×(学級数－12)
19～30	13,600+320×(学級数－18)
31～	17,440+160×(学級数－30)

ウ 盲学校(小学部)

学級数	蔵書冊数
1	2,400
2	2,600
3～6	2,600+173×(学級数－2)
7～12	3,292+160×(学級数－6)
13～18	4,252+133×(学級数－12)
19～30	5,050+67×(学級数－18)
31～	5,854+40×(学級数－30)

エ 盲学校(中学部)

学級数	蔵書冊数
1～2	4,800
3～6	4,800+213×(学級数－2)
7～12	5,652+187×(学級数－6)
13～18	6,774+160×(学級数－12)
19～30	7,734+107×(学級数－18)
31～	9,018+53×(学級数－30)

オ 聾学校(小学部)

学級数	蔵書冊数
1	2,400
2	2,520
3～6	2,520+104×(学級数－2)
7～12	2,936+96×(学級数－6)
13～18	3,512+80×(学級数－12)
19～30	3,992+40×(学級数－18)
31～	4,472+24×(学級数－30)

カ 聾学校(中学部)

学級数	蔵書冊数
1～2	4,800
3～6	4,800+128×(学級数－2)
7～12	5,312+112×(学級数－6)
13～18	5,984+96×(学級数－12)
19～30	6,560+64×(学級数－18)
31～	7,328+32×(学級数－30)

キ 養護学校(小学部)

学級数	蔵書冊数
1	2,400
2	2,520
3～6	2,520+104×(学級数－2)
7～12	2,936+96×(学級数－6)
13～18	3,512+80×(学級数－12)
19～30	3,992+40×(学級数－18)
31～	4,472+24×(学級数－30)

ク 養護学校(中学部)

学級数	蔵書冊数
1～2	4,800
3～6	4,800+128×(学級数－2)
7～12	5,312+112×(学級数－6)
13～18	5,984+96×(学級数－12)
19～30	6,560+64×(学級数－18)
31～	7,328+32×(学級数－30)

10. 学校図書館メディア基準

$$\begin{pmatrix} 2000.3.21 \\ 全国学校図書館協議会 \end{pmatrix}$$

I 基本原則

　学校図書館メディアは，学校の教育課程の展開に寄与し，児童生徒の健全な教養を育成することを目的とし，図書・視聴覚資料・コンピュータ・ソフト等の各種のメディアをもって構成する。
　本基準は，学校図書館メディアにおける最低の基準を定めたものである。

II 図　書

1. 蔵書の最低基準冊数

　校種別，学校規模別の蔵書最低基準冊数は，次の表のとおりとする。

小学校　　　　　　　　　　　　　　　　　　　　　　　　　　　　　　P＝児童数

学級数	単〜6	7〜12	13〜18	19〜24	25〜30	31以上
冊数	15000+2×P	15000+700×A+2×P (A=6をこえた学級数)	19200+600×B+2×P (B=12をこえた学級数)	22800+500×C+2×P (C=18をこえた学級数)	25800+400×D+2×P (D=24をこえた学級数)	28200+300×E+2×P (E=30をこえた学級数)

中学校　　　　　　　　　　　　　　　　　　　　　　　　　　　　　　P＝生徒数

学級数	単〜3	4〜6	7〜9	10〜12	13〜15	16〜18	19〜21	22以上
冊数	20000+3×P	20000+800×A+3×P (A=3をこえた学級数)	22400+700×B+3×P (B=6をこえた学級数)	24500+600×C+3×P (C=9をこえた学級数)	26300+500×D+3×P (D=12をこえた学級数)	27800+400×E+3×P (E=15をこえた学級数)	29000+300×F+3×P (F=18をこえた学級数)	29900+200×G+3×P (G=21をこえた学級数)

高等学校　　　　　　　　　　　　　　　　　　　　　　　　　　　　　P＝生徒数

学級数	単〜3	4〜6	7〜9	10〜12	13〜15	16〜18	19〜21	22〜24	25〜27	28以上
冊数	25000+5×P	25000+1000×A+5×P (A=3をこえた学級数)	28000+900×B+5×P (B=6をこえた学級数)	30700+800×C+5×P (C=9をこえた学級数)	33100+700×D+5×P (D=12をこえた学級数)	35200+600×E+5×P (E=15をこえた学級数)	37000+500×F+5×P (F=18をこえた学級数)	38500+400×G+5×P (G=21をこえた学級数)	39700+300×H+5×P (H=24をこえた学級数)	40600+200×I+5×P (I=27をこえた学級数)

中等教育学校　　　　　　　　　　　　　　　　　　　　　　　　　　　P＝生徒数

学級数	単〜6	7〜9	10〜12	13〜15	16〜18	19〜21	22〜24	25〜27	28以上
冊数	40000+5×P	40000+1000×A+5×P (A=6をこえた学級数)	43000+900×B+5×P (B=9をこえた学級数)	45700+800×C+5×P (C=12をこえた学級数)	48100+700×D+5×P (D=15をこえた学級数)	50200+600×E+5×P (E=18をこえた学級数)	52000+500×F+5×P (F=21をこえた学級数)	53500+400×G+5×P (G=24をこえた学級数)	54700+300×H+5×P (H=27をこえた学級数)

2. 蔵書の配分比率
　(1) 標準配分比率
　　蔵書の配分比率は，冊数比とし，次の数値を標準とする。ただし，学校の教育課程，地域の実情を考慮して運用する。

校種＼分類	0 総記	1 哲学	2 歴史	3 社会科学	4 自然科学	5 技術	6 産業	7 芸術	8 言語	9 文学	合計
小学校	6	2	18	9	15	6	5	9	4	26	100％
中学校	6	3	17	10	15	6	5	8	5	25	100％
高等学校	6	9	15	11	16	6	5	7	6	19	100％
中等教育学校	6	9	15	11	16	6	5	7	6	19	100％

　　　　　　　　　　　　　　　　　分類は，日本十進分類法項目表による。

　(2) 配分比率の運用
　　配分比率の運用には，次の事項を考慮する。
　　・絵本，まんがは，主題をもとに，分類する。
　　・専門教育を主とする学科又はコースを有する高等学校・中等教育学校においては，その専門領域の図書の配分比率について考慮をする。

3. 年間購入冊数と購入費
　(1) 年間購入冊数
　　年間に購入する図書の最低冊数は，次の式によって得られる数値とする。
　　　蔵書数×0.1＋1冊×児童生徒数＝年間購入冊数
　(2) 年間購入費の算出
　　　　年間購入冊数×平均単価＝年間購入費
　　平均単価は，全国学校図書館協議会が毎年発表する「学校図書館用図書平均単価」を適用する。

Ⅲ　新聞・雑誌
　校種別，学校規模別の最低基準タイトル数は，次の表のとおりとする。

	学級数	単〜12	13〜24	25以上
小学校	新聞	3	4	5
	雑誌	15	18	20

	学級数	単〜12	13〜24	25以上
中学校	新聞	4	5	6
	雑誌	25	28	30

	学級数	単〜12	13〜24	25以上
高等学校	新聞	8	9	10
	雑誌	33	37	40

	学級数	単〜12	13〜24	25以上
中等教育学校	新聞	10	12	14
	雑誌	40	45	50

Ⅳ　オーディオ・ソフト（カセットテープ，CD，MD等の録音資料）
　校種別，学校規模別の最低基準本数は，次の表のとおりとする。

小学校

学級数	単〜6	7〜12	13〜18	19〜24	25〜30	31以上
本数	400	400+14×A (A=6をこえた学級数)	484+12×B (B=12をこえた学級数)	556+10×C (C=18をこえた学級数)	616+8×D (D=24をこえた学級数)	664+6×E (E=30をこえた学級数)

中学校

学級数	単〜3	4〜6	7〜9	10〜12	13〜15	16〜18	19〜21	22以上
本数	500	500+26×A (A=3をこえた学級数)	578+24×B (B=6をこえた学級数)	650+22×C (C=9をこえた学級数)	716+20×D (D=12をこえた学級数)	776+18×E (E=15をこえた学級数)	830+16×F (F=18をこえた学級数)	878+14×G (G=21をこえた学級数)

高等学校

学級数	単〜3	4〜6	7〜9	10〜12	13〜15	16〜18	19〜21	22〜24	25〜27	28以上
本数	600	600+28×A (A=3をこえた学級数)	684+26×B (B=6をこえた学級数)	762+24×C (C=9をこえた学級数)	834+22×D (D=12をこえた学級数)	900+20×E (E=15をこえた学級数)	960+18×F (F=18をこえた学級数)	1014+16×G (G=21をこえた学級数)	1062+14×H (H=24をこえた学級数)	1104+12×I (I=27をこえた学級数)

中等教育学校

学級数	単〜6	7〜9	10〜12	13〜15	16〜18	19〜21	22〜24	25〜27	28以上
本数	900	900+46×A (A=6をこえた学級数)	1038+44×B (B=9をこえた学級数)	1170+42×C (C=12をこえた学級数)	1296+40×D (D=15をこえた学級数)	1416+38×E (E=18をこえた学級数)	1530+36×F (F=21をこえた学級数)	1638+34×G (G=24をこえた学級数)	1740+32×H (H=27をこえた学級数)

[資料] 183

V ビデオ・ソフト (LD・DVD等の映像資料)

校種別，学校規模別の最低基準本数は，次のとおりとする。

小学校

学級数	単～6	7～12	13～18	19～24	25～30	31以上
本数	300	300+14×A (A=6をこえた学級数)	384+12×B (B=12をこえた学級数)	456+10×C (C=18をこえた学級数)	516+8×D (D=24をこえた学級数)	564+6×E (E=30をこえた学級数)

中学校

学級数	単～3	4～6	7～9	10～12	13～15	16～18	19～21	22以上
本数	400	400+26×A (A=3をこえた学級数)	478+24×B (B=6をこえた学級数)	550+22×C (C=9をこえた学級数)	616+20×D (D=12をこえた学級数)	676+18×E (E=15をこえた学級数)	730+16×F (F=18をこえた学級数)	778+14×G (G=21をこえた学級数)

高等学校

学級数	単～3	4～6	7～9	10～12	13～15	16～18	19～21	22～24	25～27	28以上
本数	500	500+28×A (A=3をこえた学級数)	584+26×B (B=6をこえた学級数)	662+24×C (C=9をこえた学級数)	734+22×D (D=12をこえた学級数)	800+20×E (E=15をこえた学級数)	860+18×F (F=18をこえた学級数)	914+16×G (G=21をこえた学級数)	962+14×H (H=24をこえた学級数)	1004+12×I (I=27をこえた学級数)

中等教育学校

学級数	単～6	7～9	10～12	13～15	16～18	19～21	22～24	25～27	28以上
本数	800	800+46×A (A=6をこえた学級数)	938+44×B (B=9をこえた学級数)	1070+42×C (C=12をこえた学級数)	1196+40×D (D=15をこえた学級数)	1316+38×E (E=18をこえた学級数)	1430+36×F (F=21をこえた学級数)	1538+34×G (G=24をこえた学級数)	1640+32×H (H=27をこえた学級数)

VI コンピュータ・ソフト (CD-ROM, DVD-ROM等のコンピュータ資料)

校種別，学校規模の最低基準本数は，次の表のとおりとする。ただし，OS，図書館管理用，ワープロ等のソフトを除くこと。

小学校

学級数	単～6	7～12	13～18	19～24	25～30	31以上
本数	200	200+12×A (A=6をこえた学級数)	272+10×B (B=12をこえた学級数)	332+8×C (C=18をこえた学級数)	380+6×D (D=24をこえた学級数)	416+4×E (E=30をこえた学級数)

中学校

学級数	単～3	4～6	7～9	10～12	13～15	16～18	19～21	22以上
本数	300	300+20×A (A=3をこえた学級数)	360+18×B (B=6をこえた学級数)	414+16×C (C=9をこえた学級数)	462+14×D (D=12をこえた学級数)	504+12×E (E=15をこえた学級数)	540+10×F (F=18をこえた学級数)	570+8×G (G=21をこえた学級数)

高等学校

学級数	単～3	4～6	7～9	10～12	13～15	16～18	19～21	22～24	25～27	28以上
本数	400	400+26×A (A=3をこえた学級数)	478+24×B (B=6をこえた学級数)	550+22×C (C=9をこえた学級数)	616+20×D (D=12をこえた学級数)	676+18×E (E=15をこえた学級数)	730+16×F (F=18をこえた学級数)	778+14×G (G=21をこえた学級数)	820+12×H (H=24をこえた学級数)	856+10×I (I=27をこえた学級数)

中等教育学校

学級数	単～6	7～9	10～12	13～15	16～18	19～21	22～24	25～27	28以上
本数	700	700+22×A (A=6をこえた学級数)	766+20×B (B=9をこえた学級数)	826+18×C (C=12をこえた学級数)	880+16×D (D=15をこえた学級数)	928+14×E (E=18をこえた学級数)	970+12×F (F=21をこえた学級数)	1006+10×G (G=24をこえた学級数)	1036+8×H (H=27をこえた学級数)

Ⅶ 運用に関する事項

1. 蔵書冊数が基準に達していない場合には，10年間を目途に整備を図るものとする。
2. 特殊教育諸学校においては，それぞれの校種別基準を準用するものとする。また，障害に応じて特に必要とする領域のメディアについては，考慮をする。特殊学級を設置する学校においても同様とする。
3. 専門教育を主とする学科またはコースを有する高等学校・中等教育学校は，その専門領域に必要とするメディアの冊数またはタイトル数を最低基準冊数または最低基準タイトル数に加えるものとする。
4. 中学校，高等学校を併設し，学校図書館を共有する学校においては，中等教育学校の基準を準用するものとする。
5. 蔵書の構成にあっては，配分比率とともに，各学年ごとの発達段階を考慮するものとする。特に小学校にあっては，1，2学年向けの図書を蔵書の1／3を確保することが望ましい。
6. 図書，オーディオ・ソフト，ビデオ・ソフトは10年間，コンピュータ・ソフトは3年間を目途に更新を図るものとする。
7. 学校図書館の機能を十分に発揮するためには，中核となる地域の学校図書館支援センターの創設，地域の学校図書館・公共図書館や資料館等を相互に結ぶネットワークの組織化を行い，メディアの共有，相互利用を積極的に進める必要がある。

11. 図 書 館 法

$$\begin{pmatrix} 昭和25.4.30 \ \ 法律第118号 \\ 改正\ \ 平成20.6.11\ \ 法律第\ 59号 \end{pmatrix}$$

第1章 総 則

(この法律の目的)

第1条 この法律は，社会教育法（昭和24年法律第207号）の精神に基き，図書館の設置及び運営に関して必要な事項を定め，その健全な発展を図り，もって国民の教育と文化の発展に寄与することを目的とする。

(定 義)

第2条 この法律において「図書館」とは，図書，記録その他必要な資料を収集し，整理し，保存して，一般公衆の利用に供し，その教養，調査研究，レクリエーション等に資することを目的とする施設で，地方公共団体，日本赤十字社又は民法（明治29年法律第89号）第34条の法人が設置するもの（学校に附属する図書館又は図書室を除く。）をいう。

2 前項の図書館のうち，地方公共団体の設置する図書館を公立図書館といい，日本赤十字社又は民法第34条の法人の設置する図書館を私立図書館という。

(図書館奉仕)

第3条 図書館は，図書館奉仕のため，土地の事情及び一般公衆の希望に沿い，更に学校教育を援助し，及び家庭教育の向上に資することとなるように留意し，おおむね次に掲げる事項の実施に努めなければならない。

一 郷土資料，地方行政資料，美術品，レコード及びフィルムの収集にも十分留意して，図書，記録，視覚聴覚教育の資料その他必要な資料（電磁的記録（電子的方式，磁気的方式その他人の知覚によっては認識することができない方式で作られた記録をいう。）を含む。以下「図書館資料」という。）を収集し，一般公衆の利用に供すること。

二 図書館資料の分類排列を適切にし，及びその目録を整備すること。

三 図書館の職員が図書館資料について十分な知識を持ち，その利用のための相談に応ずるようにすること。

四 他の図書館，国立国会図書館，地方公共団体の議会に附置する図書室及び学校に附属する図書館又は図書室と緊密に連絡し，協力し，図書館資料の相互貸借を行うこと。

五 分館，閲覧所，配本所等を設置し，及び自動車文庫，貸出文庫の巡回を行うこと。

六 読書会，研究会，鑑賞会，映写会，資料展示会等を主催し，及びこれらの開催を奨励すること。

七 時事に関する情報及び参考資料を紹介し，及び提供すること。

八 社会教育における学習の機会を利用して行った学習の成果を活用して行う教育活動その他の活動の機会を提供し，及びその提供を奨励すること。

九 学校，博物館，公民館，研究所等と緊密に連絡し，協力すること。

(司書及び司書補)

第4条 図書館に置かれる専門的職員を司書及び司書補と称する。

2 司書は，図書館の専門的事務に従事する。

3 司書補は，司書の職務を助ける。

(司書及び司書補の資格)

第5条 左の各号のいずれかに該当する者は，司書となる資格を有する。

一 大学を卒業した者で大学において文部科学省令で定める図書館に関する科目を履修したもの

二 大学又は高等専門学校を卒業した者で次条の規定による司書の講習を修了したもの

三 次に掲げる職にあった期間が通算して3年以上になる者で次条の規定による司書の講習を修了したもの

　イ 司書補の職

　ロ 国立国会図書館又は大学若しくは高等専門学校の附属図書館における職で司書補の職に相当するもの

ハ ロに掲げるもののほか、官公署、学校又は社会教育施設における職で社会教育主事、学芸員その他の司書補の職と同等以上の職として文部科学大臣が指定するもの
2 次の各号のいずれかに該当する者は、司書補となる資格を有する。
一 司書の資格を有する者
二 学校教育法（昭和22年法律第26号）第90条第1項の規定により大学に入学することのできる者で次条の規定による司書補の講習を修了したもの

（司書及び司書補の講習）
第6条 司書及び司書補の講習は、大学が、文部科学大臣の委嘱を受けて行う。
2 司書及び司書補の講習に関し、履修すべき科目、単位その他必要な事項は、文部省令で定める。ただし、その履修すべき単位数は、15単位を下ることができない。

（司書及び司書補の研修）
第7条 文部科学大臣及び都道府県の教育委員会は、司書及び司書補に対し、その資質の向上のために必要な研修を行うよう努めるものとする。

（設置及び運営上望ましい基準）
第7条の二 文部科学大臣は、図書館の健全な発達を図るために、図書館の設置及び運営上望ましい基準を定め、これを公表するものとする。

（運営の状況に関する評価等）
第7条の三 図書館は、当該図書館の運営の状況について評価を行うとともに、その結果に基づき図書館の運営の改善を図るため必要な措置を講ずるよう努めなければならない。

（運営の状況に関する情報の提供）
第7条の四 図書館は、当該図書館の図書館奉仕に関する地域住民その他の関係者の理解を深めるとともに、これらの者との連携及び協力の推進に資するため、当該図書館の運営の状況に関する情報を積極的に提供するよう努めなければならない。

（協力の依頼）
第8条 都道府県の教育委員会は、当該都道府県内の図書館奉仕を促進するために、市（特別区を含む。以下同じ。）町村の教育委員会に対し、総合目録の作製、貸出文庫の巡回、図書館資料の相互貸借等に関して協力を求めることができる。

（公の出版物の収集）
第9条 政府は、都道府県の設置する図書館に対し、官報その他一般公衆に対する広報の用に供せられる独立行政法人国立印刷局の刊行物を2部提供するものとする。
2 国及び地方公共団体の機関は、公立図書館の求めに応じ、これに対して、それぞれの発行する刊行物その他の資料を無償で提供することができる。

第2章 公立図書館

（設 置）
第10条 公立図書館の設置に関する事項は、当該図書館を設置する地方公共団体の条例で定めなければならない。
第11条 削除（昭42法120）
第12条 削除（昭60法90）

（職 員）
第13条 公立図書館に館長並びに当該図書館を設置する地方公共団体の教育委員会が必要と認める専門的職員、事務職員及び技術職員を置く。
2 館長は、館務を掌理し、所属職員を監督して、図書館奉仕の機能の達成に努めなければならない。

（図書館協議会）
第14条 公立図書館に図書館協議会を置くことができる。
2 図書館協議会は、図書館の運営に関し館長の諮問に応ずるとともに、図書館の行う図書館奉仕につき、館長に対して意見を述べる機関とする。
第15条 図書館協議会の委員は、学校教育及び社会教育の関係者、家庭教育の向上に資する活動を行う者並びに学識経験のある者の中から、教育委員会が任命する。
第16条 図書館協議会の設置、その委員の定数、任期その他必要な事項については、当該図書館を設置する地方公共団体の条例で定めなけ

ればならない。
(入館料等)
第17条　公立図書館は，入館料その他図書館資料の利用に対するいかなる対価をも徴収してはならない。
(公立図書館の基準)
第18条及び第19条　削除（平20法59）
(図書館の補助)
第20条　国は，図書館を設置する地方公共団体に対し，予算の範囲内において，図書館の施設，設備に要する経費その他必要な経費の一部を補助することができる。
2　前項の補助金の交付に関し必要な事項は，政令で定める。
第21条　削除（平11法87）
第22条　削除（昭34法158）
第23条　国は，第20条の規定による補助金の交付をした場合において，左の各号の一に該当するときは，当該年度におけるその後の補助金の交付をやめるとともに，既に交付した当該年度の補助金を返還させなければならない。
一　図書館がこの法律の規定に違反したとき。
二　地方公共団体が補助金の交付の条件に違反したとき。
三　地方公共団体が虚偽の方法で補助金の交付を受けたとき。

第3章　私立図書館
第24条　削除（昭42法120）
(都道府県の教育委員会との関係)
第25条　都道府県の教育委員会は，私立図書館に対し，指導資料の作製及び調査研究のために必要な報告を求めることができる。
2　都道府県の教育委員会は，私立図書館に対し，その求めに応じて，私立図書館の設置及び運営に関して，専門的，技術的の指導又は助言を与えることができる。
(国及び地方公共団体との関係)
第26条　国及び地方公共団体は，私立図書館の事業に干渉を加え，又は図書館を設置する法人に対し，補助金を交付してはならない。
第27条　国及び地方公共団体は，私立図書館に対し，その求めに応じて，必要な物資の確保につき，援助を与えることができる。
(入館料等)
第28条　私立図書館は，入館料その他図書館資料の利用に対する対価を徴収することができる。
(図書館同種施設)
第29条　図書館と同種の施設は，何人もこれを設置することができる。
2　第25条第2項の規定は，前項の施設について準用する。

附　則　㊧

12.　ユネスコ・国際図書館連盟共同学校図書館宣言

(1999.11　第30回ユネスコ総会において批准)

　学校図書館は，今日の情報や知識を基盤とする社会に相応しく生きていくために基本的な情報とアイデアを提供する。学校図書館は，児童生徒が責任ある市民として生活できるように，生涯学習の技能を育成し，また，想像力を培う。

学校図書館の使命

　学校図書館は，情報がどのような形態あるいは媒体であろうと，学校構成員全員が情報を批判的にとらえ，効果的に利用できるように，学習のためのサービス，図書，情報資源を提供する。学校図書館は，ユネスコ公共図書館宣言と同様の趣旨に沿い，より広範な図書館・情報ネットワークと連携する。

　図書館職員は，小説からドキュメンタリーまで，印刷資料から電子資料まで，あるいはその場でも遠くからでも，幅広い範囲の図書やその他の情報源を利用することを支援する。資料は，教科書や教材，教育方法を補完し，より充実させる。

図書館職員と教師が協力する場合に，児童生徒の識字，読書，学習，問題解決，情報およびコミュニケーション技術の各技能レベルが向上することが実証されている。

学校図書館サービスは，年齢，人種，性別，宗教，国籍，言語，職業あるいは社会的身分にかかわらず，学校構成員全員に平等に提供されなければならない。通常の図書館サービスや資料の利用ができない人々に対しては，特別のサービスや資料が用意されなければならない。

学校図書館のサービスや蔵書の利用は，国際連合世界人権・自由宣言に基づくものであり，いかなる種類の思想的，政治的，あるいは宗教的な検閲にも，また商業的な圧力にも屈してはならない。

財政，法令，ネットワーク

学校図書館は，識字，教育，情報提供，経済，社会そして文化の発展についてのあらゆる長期政策にとって基本的なものである。地方，地域，国の行政機関の責任として，学校図書館は特定の法令あるいは施策によって維持されなければならない。学校図書館には，訓練された職員，資料，各種技術および設備のための経費が十分かつ継続的に調達されなければならない。それは無料でなければならない。

学校図書館は，地方，地域および全国的な図書館・情報ネットワークを構成する重要な一員である。

学校図書館が，例えば公共図書館のような他館種図書館と設備や資料等を共有する場合には，学校図書館独自の目的が認められ，主張されなければならない。

学校図書館の目標

学校図書館は教育の過程にとって不可欠なものである。

以下に述べることは，識字，情報リテラシー，指導，学習および文化の発展にとって基本的なことであり，学校図書館サービスの核となるものである。

- 学校の使命およびカリキュラムとして示された教育目標を支援し，かつ増進する。
- 子ども達に読書の習慣と楽しみ，学習の習慣と楽しみ，そして生涯を通じての図書館利用を促進させ，継続させるようにする。
- 知識，理解，想像，楽しみを得るために情報を利用し，かつ創造する体験の機会を提供する。
- 情報の形式，形態，媒体が，地域社会に適合したコミュニケーションの方法を含めどのようなものであっても，すべての児童生徒が情報の活用と評価の技能を学び，練習することを支援する。
- 地方，地域，全国，全世界からの情報入手と，さまざまなアイデア，経験，見解に接して学習する機会を提供する。
- 文化的社会的な関心を喚起し，それらの感性を錬磨する活動を計画する。
- 学校の使命を達成するために，児童生徒，教師，管理者，および両親と協力する。
- 知的自由の理念を謳い，情報を入手できることが，民主主義を具現し，責任ある有能な市民となるためには不可欠である。
- 学校内全体および学校外においても，読書を奨励し，学校図書館の資源やサービスを増強する。

以上の機能を果たすために，学校図書館は方針とサービスを樹立し，資料を選択・収集し，適切な情報源を利用するための設備と技術を整備し，教育的環境を整え，訓練された職員を配置する。

職員

学校図書館員は，可能なかぎり十分な職員配置に支えられ，学校構成員全員と協力し，公共図書館その他と連携して，学校図書館の計画立案や経営に責任がある専門的資格をもつ職員である。

学校図書館員の役割は，国の法的，財政的な条件の下での予算や，各学校のカリキュラム，教育方法によってさまざまである。状況は異なっても，学校図書館員が効果的な学校図書館サービスを展開するのに必要とされる共通の知識領域は，情報資源，図書館，情報管理，および情報教育である。

増大するネットワーク環境において，教師と児童生徒の両者に対し，学校図書館員は多様な情報処理の技能を計画し指導ができる能力をも

たなければならない。したがって，学校図書館員の専門的な継続教育と専門性の向上が必要とされる。

運営と管理

効果的で責任のもてる運営の確実にするためには，

- 学校図書館サービスの方針は，各学校のカリキュラムに関連させて，その目標，重点，サービス内容が明らかになるように策定されなければならない。
- 学校図書館は専門的基準に準拠して組織され，維持されなければならない。
- サービスは学校構成員全員が利用でき，地域社会の条件に対応して運営されなければならない。

- 教師，学校管理者幹部，行政官，両親，他館種の図書館員，情報専門家，ならびに地域社会の諸団体との協力が促進されなければならない。

宣言の履行

政府は，教育に責任をもつ省庁を通じ，この宣言の諸原則を履行する政策，方針，計画を緊急に推進すべきである。図書館員と教師の養成および継続教育において，この宣言の周知を図る諸計画が立てられなければならない。

（長倉美恵子，堀川照代　共訳）
（出典：全国学校図書館協議会編・刊『学校図書館・司書教諭講習資料』改訂版　2001　p. 68-69）

13. 子どもの読書活動の推進に関する法律

（平成13.12.12　法律第154号）

（目的）

第1条　この法律は，子どもの読書活動の推進に関し，基本理念を定め，並びに国及び地方公共団体の責務等を明らかにするとともに，子どもの読書活動の推進に関する必要な事項を定めることにより，子どもの読書活動の推進に関する施策を総合的かつ計画的に推進し，もって子どもの健やかな成長に資することを目的とする。

（基本理念）

第2条　子ども（おおむね18歳以下の者をいう。以下同じ。）の読書活動は，子どもが，言葉を学び，感性を磨き，表現力を高め，創造力を豊かなものにし，人生をより深く生きる力を身に付けていく上で欠くことのできないものであることにかんがみ，すべての子どもがあらゆる機会とあらゆる場所において自主的に読書活動を行うことができるよう，積極的にそのための環境の整備が推進されなければならない。

（国の責務）

第3条　国は，前条の基本理念（以下「基本理念」という。）にのっとり，子どもの読書活動の推進に関する施策を総合的に策定し，及び実施する責務を有する。

（地方公共団体の責務）

第4条　地方公共団体は，基本理念にのっとり，国との連携を図りつつ，その地域の実情を踏まえ，子どもの読書活動の推進に関する施策を策定し，及び実施する責務を有する。

（事業者の努力）

第5条　事業者は，その事業活動を行うに当たっては，基本理念にのっとり，子どもの読書活動が推進されるよう，子どもの健やかな成長に資する書籍等の提供に努めるものとする。

（保護者の役割）

第6条　父母その他の保護者は，子どもの読書活動の機会の充実及び読書活動の習慣化に積極的な役割を果たすものとする。

（関係機関等との連携強化）

第7条　国及び地方公共団体は，子どもの読書活動の推進に関する施策が円滑に実施されるよう，学校，図書館その他の関係機関及び民間団体との連携の強化その他必要な体制の整備に努めるものとする。

（子ども読書活動推進基本計画）
第8条 政府は，子どもの読書活動の推進に関する施策の総合的かつ計画的な推進を図るため，子どもの読書活動の推進に関する基本的な計画（以下「子ども読書活動推進基本計画」という。）を策定しなければならない。
2 政府は，子ども読書活動推進基本計画を策定したときは，遅滞なく，これを国会に報告するとともに，公表しなければならない。
3 前項の規定は，子ども読書活動推進基本計画の変更について準用する。

（都道府県子ども読書活動推進計画等）
第9条 都道府県は，子ども読書活動推進基本計画を基本とするとともに，当該都道府県における子どもの読書活動の推進の状況等を踏まえ，当該都道府県における子どもの読書活動の推進に関する施策についての計画（以下「都道府県子ども読書活動推進計画」という。）を策定するよう努めなければならない。
2 市町村は，子ども読書活動推進基本計画（都道府県子ども読書活動推進計画が策定されているときは，子ども読書活動推進基本計画及び都道府県子ども読書活動推進計画）を基本とするとともに，当該市町村における子どもの読書活動の推進の状況等を踏まえ，当該市町村における子どもの読書活動の推進に関する施策についての計画（以下「市町村子ども読書活動推進計画」という。）を策定するよう努めなければならない。
3 都道府県又は市町村は，都道府県子ども読書活動推進計画又は市町村子ども読書活動推進計画を策定したときは，これを公表しなければならない。
4 前項の規定は，都道府県子ども読書活動推進計画又は市町村子ども読書活動推進計画の変更について準用する。

（子ども読書の日）
第10条 国民の間に広く子どもの読書活動についての関心と理解を深めるとともに，子どもが積極的に読書活動を行う意欲を高めるため，子ども読書の日を設ける。
2 子ども読書の日は，4月23日とする。
3 国及び地方公共団体は，子ども読書の日の趣旨にふさわしい事業を実施するよう努めなければならない。

（財政上の措置等）
第11条 国及び地方公共団体は，子どもの読書活動の推進に関する施策を実施するため必要な財政上の措置その他の措置を講ずるよう努めるものとする。
　　附則
この法律は，公布の日から施行する。

さくいん

▶あ行

朝の読書　72
『新しい時代に対応した学校図書館の施設・環境づくり』　157
生きる力　12, 19, 28, 30, 168
一次資料　86
一夜貸出し　142
インターネット　26, 49, 146
ウィネトカ・プラン　64
Webサイト　86, 146
受付スペース　97
運営計画　112
運営方針　112
映画会　32
映像資料　85
教える人　7, 17
お話　32, 135, 148
オルセン（Clsen, E.G.）　64

▶か行

開架式　138
外部評価　159
開放システム　23
学習形態　27
学習指導　33
学習情報センター　104
学習・図書・視聴スペース　96
学力　12-13
課題設定力　14
学校教育法　35
学校図書館図書標準　122
『学校図書館の手引き』　59
学校図書館法　36, 37
学校図書館メディア　63, 126-127, 131

学校図書館メディア基準　122
壁新聞　148
鑑賞会　149
館内案内　135
機能　131
技能　12-13
基本図書　115
教育関係のあり方　9
教育関係の3要素　8
教育基本法　24, 35
教育の定義　7
教育の目的　25
教育方法　61
教材　7-9, 17
教材センター　104
教職員の研究スペース　98
共存支援型学習ネットワーク　9
キルパトリック（Kilpatrick, W.H.）　63
決算報告　112
ケルシェンシュタイナー
　　（Kerschensteiner, G.）　63
見学会　149
検索スペース　97
現代の教授過程論　64
講演会　148
高等学校施設整備指針　93
コミュニケーション　2
コミュニケーションの能力　14
コメニウス（Comenius, J.A.）　63
コンピュータ利用スペース　97

▶さ行

財務委員会　121
参考図書　115

しおり　135, 148
視覚資料　85
磁気ディスク　85
自己評価　159
司書教諭　28, 40-52, 71, 129
司書資格　50
実演型教育コミュニケーション　3, 5
児童生徒図書委員　128
収集機能　20, 22
小・中学校施設整備指針　92
照度　99
情報　18
情報（教科「情報」）　47, 111
情報活用能力　81-82, 128
情報活用力　14
情報教育　111
情報サービス　134, 145
情報収集能力　83
情報処理・分析能力　83
情報要求　134
自立支援型学習ネットワーク　9
人格教育　6
新着資料コーナー　140
新聞の切り抜き資料　139
推薦図書目録　148
図像型教育コミュニケーション　3, 5
スタッフスペース　97
スタッフ組織　69
制作スペース　98
整理機能　20, 22
積極的・主体的態度　14
全国学校図書館協議会学校図書館施設基準　93, 94
総合的な学習の時間　48, 59-60, 66, 72, 92, 114
総合評価　160
蔵書冊数　167
創造的態度　14

▶た行
ダルトン・プラン　23-24, 64
短時間貸出し　142
団体貸出し　143
地域教材センター　70
逐次刊行物　85
知識教育　6
長期休暇貸出し　143
調査研究能力　14
著作権法　87
通路スペース　98
ティームティーチング　34, 72, 74, 104, 108
提供機能　20, 22
テーマ図書コーナー　140
テクニカル・サービス　72, 132
デューイ (Dewey, D.)　17, 62
デューイによる学校の概念図　18
展示　135, 149
電子書籍　86
展示スペース　97
電子メール　86
伝統的教授過程論　64
洞窟絵画　2
読書会　32, 135, 148
読書活動　111
読書感想文コンクール　148
読書センター　104
図書　85-86, 91
図書委員会スペース　97
図書館運営委員会　106, 111-112, 119, 129
図書館コレクション　21-22
図書館担当教員　167
図書館部　120

図書館報　135,148
図書館放送　135
図書館ホームページ　149
図書館メディア　21,135
図書館利用案内　135,148
図書館利用状況　167
図書新聞　148

▶な行
二次資料　86
ニューアーク方式　141
ネットワーク　45,70,74,76-77,169
能力　12-13

▶は行
パーカースト(Parkhurst,H.)　23
排架スペース　97
廃棄図書　139
バゼドー(Basedow,J.B.)　64
パブリック・サービス　72,132
光ディスク　85
評価基準　156
評価手順　160
ファイル　138
ブックトーク　32,34,135,148
部分評価　160
ブラウジングスペース　96
フレーベル(Fröbel,F.)　63
プロジェクト・メソッド　23-24
閉架式　138
米国教育使節団報告書　25
閉鎖システム　23
ペスタロッチ(Pestalozzi,J.H.)　63
ヘルバルト(Herbert,J.F.)　63-64
保存機能　20,22
保存・収納スペース　97

▶ま行
マイクロ資料　85
学びの共同体　16
学ぶ人　7,17
マネジメント・サイクル　68
メディアスペシャリスト　42,51
メディアセンター　21,77
メディア選定委員会　106,111
メディアミックス　84
メディアリテラシーの能力　14
文字・記号型教育コミュニケーション　5
『文部科学白書』　66

▶や行
予算計画　112
予算の配分　120
予約貸出し　142
42行聖書　4

▶ら行
ライン組織　68
ラスコー洞窟　2
リソーセスセンター　70
リンク集　146
ルソー(Rousseau,J.J.)　63
レファレンスサービス　144-145
朗読会　148
録音資料　85
ロゼッタ・ストーン　4

シリーズ監修者

古賀節子（こが・せつこ）　青山学院大学名誉教授
　　　　　　　　　　　　青山学院大学総合研究所客員研究員

執　筆　者

古賀節子（こが・せつこ）
シラキューズ大学大学院スクール・オブ・ライブラリー・サイエンス
現在　青山学院大学名誉教授，同大学総合研究所客員研究員
主著　『図書館資料論』（編著）樹村房，『アメリカを生きた子どもたち』（監訳）日本図書館協会

天道佐津子（てんどう・さつこ）
広島大学文学部卒業
現在　全国学校図書館協議会理事・同調査部長，東京学芸大学，青山学院大学等講師，放送大学客員教授
主著　『「総合的な学習」を支える学校図書館』（編著）全国学校図書館協議会，『学習指導と学校図書館』（編著）全国学校図書館協議会

中島正明（なかしま・まさあき）
広島大学大学院教育学研究科博士課程修了
現在　安田女子大学文学部児童教育学科教授
主著　『生涯学習概論』（共著）福村出版，『21世紀の生涯学習』（共著）福村出版

平久江祐司（ひらくえ・ゆうじ）
筑波大学大学院教育研究科修士課程修了，図書館情報大学大学院図書館情報学研究科修士課程修了
現在　筑波大学大学院図書館情報メディア研究科教授
主著　『学習指導と学校図書館』（共著）放送大学教育振興会，『学習指導と学校図書館』（共著）全国学校図書館協議会

渡辺信一（わたなべ・しんいち）
East-West Center／ハワイ大学大学院図書館学研究科修了
現在　放送大学客員教授，元同志社大学文学部教授
主著　『学校経営と学校図書館』（編著）放送大学教育振興会，『インフォメーション・パワー』（共訳）全国学校図書館協議会

北本正章（きたもと・まさあき）
東京大学大学院教育学研究科博士課程修了
現在　青山学院大学教育人間科学部教授
主著　『子ども観の社会史──近代イギリスの共同体・家族・子ども』新曜社，マクファーレン『再生産の歴史人類学──1300-1840年英国の恋愛・結婚・家族戦略』（翻訳）勁草書房

東海林典子（しょうじ・のりこ）
玉川大学文学部卒業
現在　麗澤大学，二松学舎大学非常勤講師
主著　『図書委員会の指導』全国学校図書館協議会

林　孝（はやし・たかし）
広島大学大学院教育学研究科博士課程修了
現在　広島大学大学院教育学研究科教授
主著　『家庭・学校・地域社会の教育連携』多賀出版，『学校経営重要用語300の基礎知識』（共編著）明治図書

八木澤壮一（やぎさわ・そういち）
東京都立大学大学院工学研究科建築学専攻博士課程修了
現在　東京電機大学名誉教授，元共立女子大学大学院家政学研究科教授，工学博士
主著　『火葬場』（共著）大明堂，『建築企画』（新建築学大系22巻）（共著）彰国社

司書教諭テキストシリーズ 01
学校経営と学校図書館

2002年6月13日　初版発行
2014年2月18日　第 13 刷

著　者Ⓒ	古 賀 節 子	
	北 本 正 章	
	天 道 佐津子	
	東 海 林 典子	
	中 島 正 明	
	林　　　孝	
	平 久 江 祐司	
	八 木 澤 壯 一	
	渡 辺 信 一	
検印廃止	発行者	大 塚 栄 一

発行所　株式会社　樹村房　JUSONBO

〒112-0002　東京都文京区小石川5丁目11番7号
電　話　東　京　(03) 3868-7321(代)
F A X　東　京　(03) 6801-5202
http://www.jusonbo.co.jp/
振　替　口　座　00190-3-93169

製版印刷・亜細亜印刷／製本・常川製本

ISBN 978-4-88367-090-1
乱丁・落丁本はお取り替えいたします。

古賀 節子　監修　　司書教諭テキストシリーズ〈全5巻〉
Ａ5判・並製

本シリーズは，21世紀の教育活動に対応できる司書教諭養成のためのテキストとして，理論と実践の両面から最新の情報・知識・理論を盛り込んで編集したものである。

1. 学校経営と学校図書館　　　編集 古賀 節子　1,943円（税込）
2. 学校図書館メディアの構成　編集 小田 光宏　1,943円（税込）
3. 学習指導と学校図書館　　　編集 堀川 照代　1,943円（税込）
4. 読書と豊かな人間性　　　　編集 朝比奈大作　1,943円（税込）
5. 情報メディアの活用　　　　編集 井口 磯夫　1,943円（税込）

株式会社　樹 村 房　JUSONBO